Dedicado a:

_____

_____

_____

_____

_____

Para: _____

De: _____

 *Fecha:* _____

PUBLICATIONS

LOS VIGILANTES

Y LA BATALLA FINAL DE LA IGLESIA

DRS. JOSÉ Y LIDIA ZAPICO

SEGUNDA EDICIÓN

Nuestra Visión

Alcanzar las naciones llevando la autenticidad de la revelación de la Palabra de Dios, para incrementar la fe y el conocimiento de todos aquellos que lo anhelan fervientemente; esto, por medio de libros y materiales de audio y vídeo.

Publicado por
JVH Publications
11830 Miramar Pwky
Miramar, Fl. 33025
Derechos reservados
© 2011 JVH Publications (Spanish edition)
Segunda edición 2012
© 2011 José y Lidia Zapico
Todos los derechos reservados.

ISBN 1-59900-081-4

Fotografía de los autores: Jim Midei, arreglada por: Erika Zapico
Diseño de la portada e interior: Esteban Zapico
Corrección General: Tatiana Figueroa y Sarahi Leal
Impreso en USA

CONTENIDO

INTRODUCCIÓN

Y a los ángeles que no guardaron su dignidad sino que abandonaron su propia morada los ha guardado bajo oscuridad. Judas 1:6

El propósito de este libro es animar a todos aquellos que han recibido el llamado por el Espíritu de Dios a la intercesión para ser los centinelas de la Iglesia de Cristo, para estar alertas en esta hora tan crucial en la cual vive el mundo. El ministerio de intercesión es para todo aquel que ama las almas, la gloria de Dios y anhela la restauración total del cumplimiento de su Palabra a través de las profecías divinas. ¡El Mesías vuelve! Pero antes de su regreso el ataque sagaz del enemigo se sentirá fuerte, siendo su objetivo los siervos de Dios; no sólo confundirlos, engañarlos y enfermarlos, sino también para distraerlos de la verdadera visión encomendada.

...de tal manera que engañarán, si fuere posible, aun a los **escogidos**. Mateo 24:24

La Biblia hace referencia de los vigilantes y santos (ángeles) en el libro de Daniel. Este rango es conocido como los "hijos de Dios" en hebreo [*ben' Elohim*]. El trabajo original que Dios le dio a esta primitiva creación angelical fue de cuidar, proteger e interceder delante de Dios por la creación entera. Los vigilantes de los cuales habla la Biblia, son los que fielmente permanecieron al lado de Dios. Ellos tenían acceso libre para entrar delante del trono en cualquier momento. Antiguamente, para hablar con el rey había un protocolo muy estricto, sin embargo a los príncipes hijos nacidos en la casa, las reglas eran mas accesibles a causa de su parentesco. Estos príncipes o "hijos de Dios" mantenían una dignidad alta y sin mancha. En el libro de Enoc nombra como algunos de los Vigilantes y los santos, codiciaron a las mujeres nacidas de la relación de Adán y Eva. Uno de ellos en especial, el que engañó a Eva según la Enciclopedia Hebrea de Demología, es Samael y es definido:

Como el Jefe de todos los Satánes. También conocido como el "Veneno de Dios". Samael también se asocia con Satán. Fue, al principio de la creación, el más poderoso de los Tronos-Ángeles, y se dice que tiene doce alas. Cuando los ángeles cayeron, hicieron un plan de venganza contra Dios, para destruir su más preciada creación, "el hombre," pues los demonios estaban celosos de que el hombre pudiese darle el nombre a todas las criaturas, sin contar que desde el comienzo, ellos estaban en contra de la idea de la creación del hombre. Samael fue el demonio que tentó a Eva, poseyendo el cuerpo de una serpiente.

Antes de la creación de Adán hubo una revuelta en el cielo y muchos se revelaron contra la autoridad divina. Jehová Dios decidió crear al hombre y luego a su mujer Eva, sacada de su costilla y no del barro de la tierra. La criatura llamada varona tenía una atracción única y hermosa. Una vez que la tierra fue puesta en orden y engalanada con la creación divina, algunos de los Vigilantes se llenaron de curiosidad y de envidia por lo que ahí estaba pasando, ya que ellos se consideraban hasta ese momento los únicos privilegiados. Uno de ellos en especial, fue el que se atrevió a desafiar las reglas de la creación y acercarse a Eva. Entrando en una serpiente, la sedujo para que ella no estuviera alerta y así poderla engañar. Había una sola forma de tergiversar y torcer los planes del creador.

Cuando Caín fue engendrado, ya se había producido la caída del hombre por medio del pecado; la semilla de maldad pasó a las hijas de Caín que siguieron engendrando una generación perversa. Ellas fueron visitadas por estos "visitantes que son ángeles caídos".

Por la misericordia de Dios, el Creador decidió visitar a la humanidad; su intención era que Eva engendrara de Adán un hijo del cual de su descendencia nacería el Redentor, el segundo Adán, el salvador del mundo. Esta generación sería a través de Set, la cual fue llamada "los hijos de Dios" y por ella pasaron, Enoc, Noé, Abraham, Moisés, David, Zacarías hasta llegar a Cristo.

Jesucristo como hijo de Dios tiene un ministerio y es el de ser intercesor por excelencia. Por eso Jesucristo tenía que tomar un cuerpo humano y vivir en medio nuestro como hombre. Hoy Él está sentado a la diestra de Dios, intercediendo por nosotros. Romanos 8:34 nos dice: *¿Quién es el que condenará? Cristo es el que murió; más aún, el que también resucitó, el que además está a la diestra de Dios, el que también intercede por nosotros.*

Ahora la Iglesia, los redimidos por la sangre de Cristo, tienen el privilegio de tener el Espíritu de Dios dentro de cada uno para que este glorioso Espíritu Santo interceda con gemidos indecibles, conforme la voluntad de Dios a través de Su cuerpo: la Iglesia de Jesucristo. *Y de igual manera el Espíritu nos ayuda en nuestra debilidad; pues qué hemos de pedir como conviene, no lo sabemos, pero el Espíritu mismo intercede por nosotros con gemidos indecibles. Mas el que escudriña los corazones sabe cuál es la intención del Espíritu, porque conforme a la voluntad de Dios intercede por los santos.* Romanos 8: 26-27.

La Iglesia en esta hora no puede debilitarse frente al ataque frontal de estos seres malignos. Muchas personas dicen haberlos visto y haber sido visitados por ellos; los describen como seres altos, con cuerpos perfilados y brillantes. Hoy en día, siguen atormentando a las mujeres para vengarse de Dios. Les atraen especialmente las que están solas y las que se sienten frustradas o las que han quedado viudas, especialmente para tener relaciones sensuales y sexuales con ellas. Hemos tenido la oportunidad de dialogar con mujeres que han confesado que fuerzas espirituales han querido acosarlas.

Hace un tiempo atrás, en España, una mujer casada se acercó a la carpa que habíamos levantado en una ciudad para realizar cultos evangelísticos. Ella comenzó a manifestarse después del culto y la atendieron los líderes de liberación. Su forma extraña de escupir baba de color verde llamó la atención de los que la ministraban. María José era una bruja. Su placer era tener relaciones sexuales con Satanás, y se enorgullecía de ser una reina entre los muertos y cabalgar en las noches por los bosques hasta llegar al hades. Si bien en su caso, ella era consciente de lo que hacía, otras mujeres venían para consejería pidiendo oración porque no querían ser visitadas y atormentadas en las noches por seres que las oprimían sexualmente.

Recuerdo el caso de una señora, en una de las Islas del Caribe donde fui invitada a predicar, quien se me acercó al terminar el culto y me insistió que quería hablar conmigo para ser ministrada. La invité a ir a la casa donde estábamos hospedados y allí pudimos hablar más abiertamente. Hacía años que un ser espiritual la acosaba sexualmente. Un día hasta apareció un anillo en su mesa de luz. Ella siempre fue atraída por ese personaje. Su matrimonio comenzó a sufrir desavenencias, a tal punto que su esposo entabló relaciones sentimentales con otras mujeres. Aunque esta pareja estaba separada sexualmente, seguían asistiendo a la Iglesia. Como matrimonio vivían en una apariencia total. Ellos estaban divididos por un gran abismo. Ella seguía teniendo relaciones con este ser que la visitaba en las noches y que ya se había casado con ella; pues anteriormente se había puesto el anillo en su dedo. Esta no era una historia de amor. Era una pesadilla que atormentaba su mente y su relación matrimonial y familiar. Cada vez, esta situación se ponía peor, a tal punto que esta pareja ya había pensado en divorciarse por los pleitos, peleas y por no poder ponerse de acuerdo. Ella había querido muchas veces salirse de este acoso pero esa presencia maligna era más fuerte que ella; su impotencia era evidente para manejar este caso. En la noche anterior, había sido atacada por este ser posesivo y ella ya estaba decidida a terminar y cortar de raíz con este problema.

Oramos por este caso y el Señor me mostró que ella estaba oprimida en su interior por un espíritu de rechazo por algo de su pasado. Para cerrar las puertas al "visitante" había que sacar el que habitaba dentro de ella y así lo hicimos; eso debilitaría al ángel caído. Inmediatamente ella fue libre y sintió amor por su esposo, reconociendo que había sido ella la que causó el distanciamiento dentro de su matrimonio, y renunció al adulterio espiritual. Al día siguiente en el culto de la mañana pasaron los dos frente al altar, me acerqué al matrimonio, y le pedí a ella que se tomara de la mano de su esposo y renovaran el pacto conyugal delante de Dios.

Estos no son los únicos casos que hemos ministrado; conocemos señoras ancianas que también han sido visitadas durante las noches por estos espíritus. Aun desde jóvenes, muchas mujeres han sido atormentadas por seres reales que invaden su privacidad, siendo esclavas del temor por la vergüenza que sienten que esto suceda.

La Iglesia se debe levantar con el poder del intercesor profético, visionario y con la unción poderosa de liberación. Dios siempre buscó quienes se pusieran en la brecha para cubrir y reparar las grietas abiertas. El Señor busca hombres que ocupen el lugar de aquellos "vigilantes" que cuidaban, en el principio, la creación de Dios. El Señor buscó quien pudiera reparar el muro con intercesión, pero no lo halló.

*...Y busqué entre ellos hombre que hiciese vallado y que se pusiese en la **brecha** delante de mí, a favor de la tierra, para que yo no la destruyese; y no lo hallé. Ezequiel 22:30.*

Busqué a alguien que pudiera reconstruir la muralla de justicia que resguarda al país. ...dice: pero no encontré a nadie. Por eso ahora...los consumiré con el fuego de mi enojo...v.30-31 NTV

Hoy Dios sigue buscando y llamando a los que se dejen usar por el Espíritu de Dios; que se nieguen a su propia voluntad para clamar por otros, por su ciudad, por sus familiares inconversos y por cada siervo de Dios. ¡Hoy es el tiempo para ponerse en la brecha por los demás!

Ezequiel fue llamado para ser centinela profético sobre Jerusalén, ciudad de Dios. Esta había caído en pecado por su idolatría y lujuria. Dios le habló a su profeta que sería como señal frente a la ciudad adúltera; el Señor mandaría a sus propios amantes, en este caso los Asirios, para ser castigada.

...si estuviesen en medio de ella estos tres varones, Noé, Daniel y Job, ellos por su justicia librarían únicamente sus propias vidas, dice Jehová el Señor. Ezequiel 14:14.

Dios estaba decidido a castigar la ciudad, y menciono tres grandes siervos que si hubieran vivido en esa época en Jerusalén se habrían salvado por su intercesión: Job, Noé y Daniel ¿pero, porque ellos?, ¿qué tenían en común estos tres hombres de Dios? Podemos decir que fueron pregoneros de justicia Divina en medio de presiones externas muy fuertes; levantaron altares a Dios reconociendo que sólo Él los podía librar. Noé fue salvado del gran diluvio; Job siendo sabio, supo que sólo sus hijos serían guardados por el sacrificio en el altar, y Daniel fue guardado en medio de una nación pagana; y aun de la boca de los leones. Esos altares que levantaron estos hombres de Dios, era figura y tipo de Cristo y su obra redentora, así como su labor de intercesor por los santos.

Noé representa a Cristo en su segunda venida

El edificó un arca que sería de salvación para la preservación de la raza humana y animal. Así, Cristo ha edificado una iglesia que es su cuerpo como una gran arca para protección y nos da la garantía de la vida eterna; siendo El mismo la puerta para entrar a la gran arca de Salvación.

Y percibió Jehová olor grato; y dijo Jehová en su corazón: No volveré más a maldecir la tierra por causa del hombre; porque el intento del corazón del hombre es malo desde su juventud; ni volveré más a destruir todo ser viviente, como he hecho. Génesis 8:21

Por la fe Noé, cuando fue advertido por Dios acerca de cosas que aún no se veían, con temor preparó el arca en que su casa se salvase; y por esa fe condenó al mundo, y fue hecho heredero de la justicia que viene por la fe. Hebreos 11:7

Job representa a Cristo como el justo y a la vez como justicia de Dios para el hombre pecador

Job sufrió en su propio cuerpo el sufrimiento de la llaga viva. Así mismo, Cristo en el momento de su crucifixión, su cuerpo fue herido, masacrado y ensangrentado por la dura vara y el látigo de Roma. Toda su humanidad se volvió una llaga para que por medio de El fuéramos sanados. Jesucristo se hizo pecado para salvar la humanidad. A Job se le reveló, que sólo a través del sacrificio se salvaría, y aun si fuera necesario, se le devolvería siete veces más de lo que perdió.

Ahora, pues, tomaos siete becerros y siete carneros, e id a mi siervo Job, y ofreced holocausto por vosotros, y mi siervo Job orará por vosotros;...Fueron, pues, ...he hicieron como Jehová les dijo; y Jehová aceptó la oración de Job. Job 42:8

A Job se le revelaron los secretos de Dios; aunque por su dolor físico no podía entender la profundidad de lo que significaba hablar con Dios, los secretos de la antigüedad quedaron plasmados en las hojas de la Biblia. A pesar de ser un hombre justo, recibió la verdadera justicia que proviene de Dios y la verdadera intercesión por los demás, cuando levantaba altares y sacrificios para sus hijos y amigos. Llegó a entender y a ver a Dios cuando expresó...! Ahora mis ojos te ven!

Daniel, era sombra del ministerio de Cristo como intercesor.

Él se presentaba tres veces al día delante de la Presencia de Dios en oración como si estuviera en el tabernáculo de Dios. No le importaba estar en Babilonia, no se contaminó, y mantuvo su corazón puro delante de YHVH.

...aún estaba hablando en oración, cuando el varón Gabriel, a quien había visto en la visión al principio, volando con presteza, vino a mí como a la hora del sacrificio de la tarde. Daniel 9:21.

Los intercesores en Espíritu y Verdad son aquellos que caminan por el camino de santidad, avanzan en la calzada de la verdad y son los que verán a Dios en Sión. Son estos los que el Señor busca para que reparen los portillos, para que cuiden las puertas del templo y para que avisen desde los muros, cuando el enemigo se acerca.

Este libro te revelará el secreto de los espíritus inmundos y de las huellas drásticas que dejaron los gigantes en la humanidad. ¡Alístate para ser un Vigilante profético en la hora en que vives; conoce que es ser un verdadero portero de la casa de Dios y cual es la fidelidad, de los verdaderos vigilantes!

Primera Parte

Los Vigilantes

1
Los Hijos de Elohim

LOS SANTOS VIGILANTES EN LA BIBLIA

Cuando hablamos de los santos vigilantes nos estamos refiriendo a los guardianes de las esferas creadas por Dios, antes y después del Génesis. El Antiguo Testamento se refiere a ellos como: los vigilantes santos, los "hijos de Dios" y los arcángeles.

En un principio fueron todos santos, eran los príncipes o cabecillas con elevado rango celestial. Lamentablemente no todos permanecieron dentro de su estado original. Un grupo de estos "vigilantes" bajaron a la tierra y se contaminaron con sangre y carne con las mujeres. Si analizamos literalmente la palabra "Vigilantes" vemos que aparece tres veces en las Sagradas Escrituras en el libro de Daniel.

- *Vi en las visiones de mi cabeza mientras estaba en mi cama, que he aquí un **vigilante** y santo descendía del cielo. Daniel 4:13*

El rey Nabucodonosor tuvo una revelación enviada por el Dios Todopoderoso que era un decreto para su vida como cabeza del reino de Babilonia. Esta revelación en sueños le fue dada por los vigilantes y los santos mensajeros, dejando al monarca turbado sin saber el significado real. Solo el profeta del Dios altísimo, llamado Daniel recibió la revelación, no solo del sueño sino del significado real del decreto.

> La sentencia es por decreto de los vigilantes, y por dicho de los santos, la resolución, para que conozcan los vivientes que el Altísimo gobierna el reino de los hombres. Daniel 4:17

Y en cuanto a lo que vio el rey, un vigilante y santo que descendía del cielo y decía: Cortad el árbol y destruidlo; Daniel 4:23.

Esta palabra vigilante es ['iyr] en arameo, #H5894 que significa:

- Despertando - El vigilante - Despierto - Ángel.
- Una descripción más antigua del Lexicon Castelli (pag. 649) dice:
- Un guardia, un observador.
- El nombre de ángel en el hebreo más antiguo,
- El que protege (guardar) las almas de los hombres.
- Usado también en las liturgias Sirias para referirse a los Arcángeles como Gabriel y en griego a los ángeles malignos.

No se tiene duda que los vigilantes eran entendidos en ciencia aunque no tenían la revelación de todos los misterios de Dios porque solo el Señor tiene esa facultad, y Él revela sus misterios a quien quiere. *Pero hay un Dios en los cielos, el cual revela los misterios. Daniel 2:28*

Otra definición para la palabra Vigilar o vigilante es guardar, observar, proteger, guardar para preservar.

Literalmente este fue el propósito original por la cual Dios los creó. Eran guardianes de la creación y tenían que proteger, vigilar, cuidar lo establecido bajo su cargo. Si observamos con detenimiento las funciones más importantes de los vigilantes santos después de la creación, destacaríamos las siguientes:

- No les era permitido revelar los secretos de Dios a los humanos.
- Debían de cuidar y velar las puertas espirituales.
- Ejercían poder similar a los capitanes celestiales, o príncipes, cabezas de cuadrillas.
- Como hijos de Dios podían presentarse delante del trono de Dios Todopoderoso en cualquier momento. (Job 1:6-7)
- Recibirían autoridad de parte de Dios para ejecutar juicios sobre la tierra.
- Podían comunicarse con los hombres a través de sueños o visiones, (ejemplo tenemos en Daniel y Ezequiel, también gobernadores gentiles como el rey de Babilonia) (Daniel 4:13)
- A los arcángeles fieles se le concedió la autoridad de atar y aprisionar a los rangos angelicales inferiores a ellos. Bajo la autoridad de Dios el arcángel Miguel es más poderoso ahora que "el dios de este siglo", el mismísimo príncipe de los demonios. (Apocalipsis 12:7) (Apocalipsis 20:1-2)
- En el libro de Enoc son nombrados "los Santos vigilantes" que son los príncipes de Dios que se mantuvieron fieles a su propósito y origen por el cual fueron creados.

LOS NOMBRES DE LOS SANTOS VIGILANTES

Muchos de los nombres de los santos vigilantes terminan con la sílaba [EL].En hebreo, no es una silaba sino un nombre propio que significa: "Dios"; así como la palabra {dios} en hebreo se escribe [*Elohim*], Jesucristo hijo de Dios se llamó Emanu**el** = **Dios** con nosotros. Todo nombre propio que tenga para el castellano el vocablo [EL] está relacionado su significado con la palabra Dios.

Migu**el**: Es el encargado de Israel y del pueblo de Dios. Es uno de los más importantes príncipes angelicales que ayuda al pueblo de Dios y a los santos escogidos en las batallas celestiales y en la tierra. El significado de Miguel es: "Quién como mi Dios".

Mas el príncipe del reino de Persia se me opuso durante veintiún días; pero he aquí Miguel, uno de los principales príncipes, vino para ayudarme. Daniel 10:13.

Pero yo te declararé lo que está escrito en el libro de la verdad; y ninguno me ayuda contra ellos, sino Miguel vuestro príncipe. Daniel 10:21.

...En aquel tiempo se levantará Miguel, el gran príncipe que está de parte de los hijos de tu pueblo; y será tiempo de angustia, cual nunca fue desde que hubo gente hasta entonces; pero en aquel tiempo será libertado tu pueblo, todos los que se hallen escritos en el libro. Daniel 12:1.

...Después hubo una gran batalla en el cielo: Miguel y sus ángeles luchaban contra el dragón; y luchaban el dragón y sus ángeles. Apocalipsis 12:7

> אֵל = [EL] = Dios = #410 = EL PODEROSO

La palabra Daniel termina también en [EL] y significa "Dios es mi juez" [דָּנִיֵּאל].

Gabriel: otro de los santos ángeles que le fue encargado el dar entendimiento y sabiduría al profeta Daniel (Daniel 8:16 - 9:21). También se le aparece a Zacarías y a José esposo de María para fortalecerlo antes que el niño hijo de Dios, naciera...

...Respondiendo el ángel, le dijo: Yo soy **Gabriel**, que estoy delante de Dios; y he sido enviado a hablarte, y darte estas buenas nuevas. Lucas 1:19, 26. El significado de su nombre es: "Guerrero de Dios" u "hombre de Dios". (Strong, # 1403) Estos dos nombres de ángeles son los que se revelan en las Sagradas Escrituras.

¡Que maravilloso sería que toda la creación de Dios hubiera quedado guardada por estos vigilantes santos y fieles! Pero lamentablemente es de conocimiento de todos que hemos sido invadidos, desde el principio de la creación, por un ser malvado que contaminó la raza humana dejándola caída. Desde el primer "hijo de Dios" Adán; nombrado en el Génesis, se extendió por medio de la serpiente la contaminación pasándola así a toda la raza humana.

Para entender la contaminacion del hombre a través de

los vigilantes corruptos y perversos, debemos ir atrás en la historia y ver la cronología antidiluviana.

CRONOLOGÍA ANTI-DILUVIANA

Para llegar a entender la caída de los *"hijos de Elohim"* y cómo estos afectaron la generación de Dios desde el principio de la creación, debemos analizar primeramente las dos líneas genealógicas que se produjeron desde Adán y su mujer Eva.

Entre los capítulos 4 y 5 del libro de Génesis, encontramos la historia de la humanidad antes del diluvio; desde el nacimiento de Caín hasta el nacimiento de Noé. Prácticamente los primeros 1.655 años de la historia del mundo están resumidos en ellos.

Durante ese periodo el hombre fue en declive adquiriendo contaminación moral. Eso le acarreó muchas consecuencias; primeramente, Dios decidió reducir la edad al hombre de 900 años a sólo 120 años. Actualmente, el ser humano, por causa de los vicios y las enfermedades mortales, ha reducido su promedio de vida. En África entre 41- 55 años, en Asia entre los 60-70. En los países más desarrollados de 71-81 años.

Otra de las consecuencias, es que Dios decidió eliminar la humanidad a través del agua. Por eso llamó a Noé, tercera generación después de Enoc. Dios lo escogió para que fuera el constructor del arca, la cual sería el instrumento de Dios provisto para su salvación y la de su familia. Noé fue el elegido, porque Dios vio que su corazón era justo y obediente. No debemos olvidar que Noé era descendiente directo de la semilla no contaminada de Set, el hijo que reemplazó a Abel.

*Dijo luego Jehová a Noé: Entra tú y toda tu casa en el **arca**; porque a ti he visto justo delante de mí en esta generación.* Génesis 7:1 ¿Quién seria visto justo en esa generación que fuera capaz de escapar de los juicios de Dios?

- **ENOC** - 7º generación desde Adán. Vivió 365 años señal de Dios, el ciclo de un año solar. Dios mismo se lo llevó (Simbología del arrebatamiento).
- **NOÉ** – 10ª generación desde Adán. Cierra un ciclo para comenzar uno nuevo.
- **SEM**, CAM, JAFET - 11ª generación desde Adán. Inician un nuevo período dentro de la humanidad.

De la generación de SEM (que es una tercera parte de los tres hermanos) se expande la buena semilla. De ella sale Abraham - David – Jesús – tú y yo, la Iglesia del Cordero; la generación que reparará las puertas caídas.

Hoy tenemos los INJUSTOS Y JUSTOS, los PERVERSOS Y SANTOS. Los que le SIRVEN y los que NO LE SIRVEN a Dios. Dos clases de hombres diferentes en su estado espiritual.

Así fue desde el principio, estaba la generación de los hijos de los hombres y la generación de los hijos de Dios. Unos procedían de Caín y otros de Set, dejando una huella bien marcada en dos diferentes generaciones. Ambas tuvieron un tronco común: Adán. Hacia el lado izquierdo la genealogía de Caín, con la marca de la perversidad y hacia el otro lado la senda de Set, (el que reemplazó Abel). La generación de los escogidos hasta llegar a Jesucristo.

Desde Adán existieron seis generaciones, hasta llegar a Lamec. De este hombre podemos decir que tuvo dos mujeres y proclamó una maldición delante de ellas diciendo así: *... escuchad mi dicho: Que un varón mataré por mi herida, y un joven por mi golpe* –Algunas versiones dicen *"y un varón he matado por haberme herido"*–. *Si siete veces será vengado Caín, Lamec en verdad setenta veces siete lo será". Génesis 4:23.* (Él estaba dispuesto a matar cuatrocientas o más veces si fuera necesario).

> Esto significa que la maldición de Caín se multiplicaría al máximo desde su generación en adelante.

Lamec significa el desarrollo de una civilización que estaba bajo condenación por causa de la contaminación, y llevada al extremo por su maldad. ¡Es lamentable que pasaran estas generaciones para que Lamec tuviera sucesores setenta veces más perversos que él! Podemos indicar que sus generaciones posteriores fueron castigadas por los juicios de Dios (a través de un diluvio) y estaban compuestas por dos clases de personas:

1- Los descendientes de Caín, que construyeron una civilización, aferrados a la vida en la tierra, que

pretendieron transformarla en un lugar habitable;
2- Los descendientes de Set, hombres que invocaban al Señor, que escucharon sus palabras, que caminaron en comunión con Él, que vivieron para Él y de los cuales no se dice que hayan construido grandes pirámides o estructuras humanas de que gloriarse. Esta fue la generación que portaba la gloriosa semilla de Dios.

El mundo está en estos momentos en la misma condición. También hoy en día hay una descendencia de Caín y hay una descendencia de Set. Sobre la faz de la tierra hay dos clases de hombres. Unos están tratando de embellecer el mundo para hacer de él un paraíso, y los otros están mirando más allá; están colocando su mirada en los cielos, para acercarse más a Dios. Esta clase de personas seguirán tan unidos a Él, hasta tal punto que un día el Señor se los llevará, tal como lo hizo con Enoc. Ahora mismo podemos ver que al igual de esa época, está Lamec y está Enoc. Con Lamec se acentúa el ciclo de una raza caída depravada y corrupta, que cayó sucumbida en el diluvio. Por otro lado, con el nieto de Enoc, se abre un ciclo de una generación que llegaría a ser bendita, por causa de la promesa. Jesucristo el Salvador de todo aquel que en Él cree.

> En Lamec se ve el perfil del anticristo. En cambio en Enoc nos es revelado la figura del que tiene comunión con Dios, de los que se separan para Él y guardan sus promesas; aquellos que serán arrebatados para el Reino de Dios.

CRISTO ESTÁ POR ENCIMA DE TODO LO CREADO (DIOSES)

¿Quién como tú, oh Jehová, entre los dioses? ¿Quién como tú, magnífico en santidad, Terrible en maravillosas hazañas, hacedor de prodigios? Éxodo 15:11
Alabad al Dios de los dioses, Porque para siempre es su misericordia. Salmo 136:12

En la antigüedad cada nación adoraba a sus dioses. Hoy muchos creen que esto es cosa de los libros de historia. Sin embargo, en la actualidad se siguen adorando e invocando a las estatuas e imágenes.

¡Es tiempo de levantar el nombre de nuestro Dios y proclamar sus maravillas como lo anunció el profeta Jeremías ¡Dígale NO A LA IDOLATRIA!

Mas Jehová es el Dios verdadero; él es Dios vivo y Rey eterno; a su ira tiembla la tierra, y las naciones no pueden sufrir su indignación. Les diréis así: Los dioses que no hicieron los cielos ni la tierra, desaparezcan de la tierra y de debajo de los cielos. Jeremías 10:10-11.

En Colosenses 2:10 dice que...*Cristo es la cabeza de todo principado y potestad;* fue elegido y engendrado por el Padre antes de la creación del mundo y al obedecer los planes dispuestos para su vida, (entregándose en sacrificio vivo) Dios el Padre le concedió toda autoridad y poder.

Cristo es cabeza de todo principado y potestad en los aires, en todo lo creado, que está en el cielo, tierra y mar; sobre ángeles, tronos, potestades, dioses gobernadores en las regiones celestes.

No se puede especular que los hijos de Dios, o /B'nai Elohim/ los vigilantes, fueran igual en poder que el "Varón de Dios" que se le apareció a Josue antes de conquistar la ciudad de Jericó (Josue 5:13).

Los /B'nai Elohim/ fueron creados por el gran YHVH el Señor, mientras que Jesucristo "Su Ángel", fue engendrado por Dios mismo. La palabra profética dice:

...Yo publicaré el decreto; Jehová me ha dicho: Mi hijo eres tú; Yo te engendré hoy. Salmo 2:7.

Jesucristo fue su primogénito eso quiere decir que fue "la primicia". La palabra primicia en hebreo es, **primero** [re'shiyth] #7225 – el mayor; principio; parte bien escogida; jefe; primeros frutos. Principio de reino y gobierno – primogenitura. Cristo es el primer fruto del Padre, y por su obediencia llevó muchos frutos.

- Cristo es el jefe de los escuadrones de Israel.
- Cabeza de la Iglesia.
- Cabeza del ejercito celestial.
- Él es el principio de toda creación, sea ángeles, príncipes y criaturas humanas.
- Él es la cabeza del gobierno del Reino de Dios.
- A Él le pertenece la Gloria y la honra.

Muchos dioses o /B'nai Elohim/ han querido ser adorados por los hombres, mientras que los verdaderos ángeles nunca se han dejado adorar. (Apc. 19:10) (Apc. 22:9). En arameo se usa otro significado para la palabra "dioses" y es /elahh/ que significa deidades paganas. Esto nos muestra que detrás de cada dios pagano o "gentil" (ya que así se define la palabra *pagano)* se mueve una autoridad espiritual que se dejaba adorar. Estos fueron los "dioses" o "vigilantes" de gran jerarquía que instigaron a los humanos a la idolatría y al paganismo, lo cual provocó la ira del Dios verdadero.

Porque todos los dioses de los pueblos son ídolos; Pero Jehová hizo los cielos. Salmo 96:5

La palabra *ídolos* significa: imagen sin valor de dioses falsos, sin valor alguno. Eso nos hace pensar que las imágenes, aún de los diferentes dioses, que tienen las diferentes religiones de todo el mundo, son espíritus engañadores falsos, sin valor a la esencia de la verdad.

Terrible será Jehová contra ellos, porque destruirá a todos los dioses de la tierra, Sofonías 2:11

Estos ídolos hechos visibles no tienen ningún poder, ya sean pinturas, estatuas o figuras de barro, loza, madera; creados en forma animal como leones o elefantes para la buena suerte, pirámides, cruces, rectángulos, pentagramas, estrella de cinco puntas y mucho más. Pero lo que más se mueve detrás de ellos son los poderes que engañan y seducen las mentes de millones de seres humanos.

La altivez del hombre será abatida, y la soberbia de los hombres será humillada; y solo Jehová será exaltado en aquel día. Y quitará totalmente los ídolos. Isaías 2:17-18.

Dios está en la reunión de los dioses; En medio de los dioses juzga. Salmo 82:1.

LOS APÓSTOLES TENÍAN CONOCIMIENTO DE ENOC

El Apóstol Judas en su epístola, exhorta a los fieles *a contender por el evangelio ardientemente sin desviarse de la verdadera revelación dada a los santos.* Judas discernía que hombres encubiertos habían entrado para contaminar y desviar la verdad de los fieles. Una persona encubierta hace el papel de lobo disfrazado de oveja. Dando un perfil más amplio de estos falsos cristianos retoma la historia antigua nombrando personajes claves como Moisés, Enoc, profetas claves en el antiguo pacto.

De éstos también profetizó **Enoc,** *séptimo desde Adán, diciendo: He aquí, vino el Señor con sus santas decenas de millares,* Judas 1:14

Su escrito da una explicación amplia del espíritu de los apóstatas de los últimos días y de los falsos maestros que tendrían un perfil sagaz y astuto del obrar extraviado.

Su carta breve, pero de gran profundidad espiritual, da a conocer la actividad de los arcángeles, especialmente Miguel, destinado a proteger al pueblo de Dios en medio de la apostasía. Judas menciona el día en el cual todos aquellos que han obrado y hablado mal contra el Señor Jesucristo serán castigados diciendo:

¡Hay de ellos porque causan divisiones! Otras de las característica de ellos sería: "...que *convierten en libertinaje la gracia de nuestro Señor Jesucristo".* Indiscutiblemente "Miguel el vigilante santo" es uno de los mas poderosos ángeles que el Señor ha designado para esta labor.

La iglesia siendo una réplica de Israel en el tiempo final: Miguel está listo para pelear y para proteger a los santos. En 2 Pedro 2:4 el Apóstol desde otro punto de vista, nombra espíritus encarcelados:

*...Porque si Dios no perdonó a los **ángeles** que pecaron, sino que arrojándolos al infierno los entregó a prisiones de oscuridad, para ser reservados al juicio...*

El libro de Enoc denota que estos vigilantes estarían encarcelados por 70 generaciones sin recibir perdón, hasta el día del juicio, donde serían juzgados y lanzados al lago del fuego preparado para Satán y sus ángeles.

Así se entiende que de esas relaciones ilícitas nacieron hombres fuertes, que fueron los que comenzaron a conquistar, construir y gobernar sobre ciudades. Estos seres inteligentes fueron llamados en la Biblia como "poderosos de la tierra".

Entonces marchó el resto de los nobles; El pueblo de Jehová marchó por él en contra de los poderosos. Jueces 5:13.

La palabra noble vienen del hebreo ['*addiyr*] que significa:

grande, majestuoso, de rey, naciones o dios, poderoso. De esta palabra proviene otra como [*gibbowr*] #1368 que es: valiente, campeón – jefe - **gigante**.

Del cántico de Victoria de Débora la profetiza, se denota algo acerca de la Guerra de Dios: ¡Él siempre sale victorioso! Lo importante aquí, es que en esta batalla en la tierra, los ángeles desde los cielos también apoyan a los santos para hacerlos más que vencedores.

Desde los cielos pelearon las estrellas; Desde sus órbitas pelearon contra Sísara. Jueces 5:20.

LA HISTORIA DE LOS VIGILANTES SEGÚN EL LIBRO DE ENOC

Uno de los manuscritos más antiguos que hablan y nombran a los vigilantes lo encontramos en el libro de Enoc. A pesar de ser un libro Apócrifo del Antiguo Testamento con literatura Apocalíptica, este libro fue muy apreciado por parte de los primeros cristianos, como lo atestiguan la Epístola de Judas (v.14-16), que cita un pasaje del *Libro de Enoc* (1, 9); también la referencia en 2 de Pedro 2:4 y la epístola no canónica de Bernabé.

Muchos Padres de la Iglesia primitiva y cristianos destacados se refieren al libro y lo citan en sus escritos; diciendo que era leído en el primer siglo después de Cristo. El libro de Enoc, fue reconocido por la Iglesia Ortodoxa Copta, que fue fundada en Egipto en el siglo I. Referencias a Enoc se encuentran en múltiples versículos del Nuevo Testamento.

Leemos en la "Referencia de la Enciclopedia libre":

El canon de la iglesia Ortodoxa Copta es más amplio que los de otros grupos cristianos. El canon copto del Antiguo Testamento contiene todos los textos de la Biblia de los Setenta aceptados, incluyendo también los libros admitidos por el canon más amplio de la Iglesia Ortodoxa (es decir incluye también el Salmo 151, la Oración de Manasés, el Libro III de Esdras y el Libro III de los Macabeos), Incluyendo además el Libro de Enoc y el Libro de los Jubileos. En el libro de Enoc se encuentra la revelación de los episodios sucedidos con varios de estos vigilantes santos del cielo. Los nombrados son los 18 jefes principales que se reunieron por su cabecilla, y quienes bajo juramento se pusieron de acuerdo y bajaron a la tierra contaminándose con la sangre de las mujeres.

...viendo los hijos de Dios que las hijas de los hombres eran hermosas, tomaron para sí mujeres, escogiendo entre todas....después que se llegaron los hijos de Dios a las hijas de los hombres, y les engendraron hijos. Estos fueron los valientes que desde la antigüedad fueron varones de renombre. Génesis 6:2,4

Leamos directamente desde los manuscritos del **Libro de Enoc** lo escrito, referente a los "vigilantes" desde el capítulo 6 hasta el 16:

Capítulo 6 - Los Vigilantes

> **Nota: Los nombres originales de los vigilantes que salen en el libro de Enoc, se han borrado u omitido, para que no sean usados para otros fines.**

1 Así sucedió, que cuando en aquellos días se multiplicaron los hijos de los hombres, les nacieron hijas hermosas y bonitas; 2 y los Vigilantes, hijos del cielo las vieron y las desearon, y se dijeron unos a otros: "Vayamos y escojamos mujeres de entre las hijas de los hombres y engendremos hijos".(Gn 6:1-4). 3 Entonces Sh xxx que era su jefe, les dijo: "Temo que no queráis cumplir con esta acción y sea yo el único responsable de un gran pecado". 4 Pero ellos le respondieron: Hagamos todos un juramento y comprometámonos todos bajo un anatema a no retroceder en este proyecto hasta ejecutarlo realmente. 5 Entonces todos juraron unidos y se comprometieron al respecto los unos con los otros, bajo anatema. 6 Y eran en total doscientos los que descendieron sobre la cima del monte que llamaron Hermon, porque sobre él habían jurado y se habían comprometido mutuamente bajo anatema. * (El autor elimino el verso 7 & 8, por no exponer los nombres de los 18 vigilantes. Algunos de los nombres de los vigilantes aparecen en el Cap. 8)

Capítulo 7

1 Todos y sus jefes tomaron para sí mujeres y cada uno escogió entre todas y comenzaron a entrar en ellas y a contaminarse con ellas, a enseñarles la brujería, la magia y el corte de raíces y a enseñarles sobre las plantas. 2 Quedaron embarazadas de ellos y parieron gigantes de unos tres mil codos de altura que nacieron sobre la tierra y conforme a su niñez crecieron; (Génesis 6:4; Jubileos 7:21-22) 3 y devoraban el trabajo de

todos los hijos de los hombres hasta que los humanos ya no lograban abastecerles. 4 Entonces, los gigantes se volvieron contra los humanos para matarlos y devorarlos; (Sal 14:4; Mi 3:3) 5 y empezaron a pecar contra todos los pájaros del cielo y contra todas las bestias de la tierra, contra los reptiles y contra los peces del mar y se devoraban los unos la carne de los otros y bebían sangre.(Jeremías 12:4; Jubileos 7:24) 6 Entonces la tierra acusó a los impíos por todo lo que se había hecho en ella.(Génesis 6:5-11,13; Apocalipsis 12:16).

Capítulo 8

1 'Axxx'el enseñó a los hombres a fabricar espadas de hierro y corazas de cobre y les mostró cómo se extrae y se trabaja el oro hasta dejarlo listo y en lo que respecta a la plata a repujarla para brazaletes y otros adornos. A las mujeres les enseñó sobre el antimonio, el maquillaje de los ojos, las piedras preciosas y las tinturas. (Levítico 16:8) 2 Entonces creció mucho la impiedad y ellos tomaron los caminos equivocados y llegaron a corromperse en todas las formas. 3 Shxxxza enseñó encantamientos y a cortar raíces; Hxxxni a romper hechizos, brujería, magia y habilidades afines; Bxxx'el los signos de los rayos; Kxxx'el los presagios de las estrellas; Zxxx'el los de los relámpagos; -'el enseñó los significados; Ar'xxxx enseñó las señales de la tierra; Shxxx'el los presagios del sol; y Sxxx'el los de la luna, y todos comenzaron a revelar secretos a sus esposas. 4 Como parte de los hombres estaban siendo aniquilados, su grito subió hasta el cielo. (Ex 3:7-9). (Los nombres de los vigilantes rebeldes han sido borrados)

Capítulo 9

1 Entonces Miguel, Sariel, Rafael y Gabriel observaron la tierra desde el santuario de los cielos y vieron mucha sangre

derramada sobre la tierra y estaba toda llena de la injusticia y de la violencia que se cometía sobre ella.

2 Considerando esto, los cuatro fueron y se dijeron: el grito y el lamento por la destrucción de los hijos de la tierra sube hasta las puertas del cielo. 3 Y dijeron a los santos del cielo: Es ahora a vosotros a quienes las almas de los hijos de los hombres suplican diciendo 'llevad nuestra causa ante el Altísimo, nuestra destrucción ante la gloria majestuosa y ante el Señor de todos los señores' en cuanto a majestad. 4 Y Rafael, Miguel, Sariel y Gabriel dijeron al Señor del mundo: "Tú eres nuestro gran Señor, el Señor del mundo, el Dios de dioses, el Señor de señores y el Rey de reyes; los cielos son el trono de tu gloria por todas las generaciones que existen desde siempre; toda la tierra es el escabel ante ti para siempre, y tu nombre es grande, santo y bendito por toda la eternidad. 5 Eres tú quien todo lo ha creado y en ti reside el poder sobre todas las cosas; todo es descubierto en toda su desnudez ante ti; tú lo ves todo y nada se te puede esconder.(1Cr 29:10-12, Hb 4:13)

6 Tú has visto lo que ha hecho 'Axxx'el, como ha enseñado toda injusticia sobre la tierra y revelado los secretos eternos que se cumplen en los cielos; 7 y lo que ha enseñado a los humanos Shxxxa, al que tú habías dado la facultad de gobernar sobre sus compañeros. 8 Ellos han ido hacia las hijas de los hombres y se han acostado con ellas y se han profanado a sí mismos descubriéndoles todo pecado. 9 Luego, estas mujeres han parido en el mundo gigantes, por lo que la tierra se ha llenado de sangre e injusticia. (Gn 6:4,5,11). 10 Y ahora mira que las almas de los que han muerto gritan y se lamentan hasta las puertas del cielo y su gemido ha subido y no puede cesar debido a la injusticia que se comete en la tierra. (Gn 4:10; Ap 6:10)

11 Pero tú que conoces todas las cosas antes de que sucedan, tú qué sabes aquello, tú los toleras y no nos dices qué debemos hacerles al observar eso. (Ha 1:2-4)

Capítulo 10

1 Entonces el Altísimo, Grande y Santo habló y envió a Sariel al hijo de Lamec. 2 Y le dijo: Ve hacia Noé y dile en mi nombre, 'escóndete'; *y revélale la consumación que viene, pues la tierra entera va a perecer, un diluvio está por venir sobre toda la tierra y todo lo que se encuentre sobre ella perecerá.* 3 Enseguida enseña al Justo, al hijo de Lamec, lo que debe hacer para preservar su alma para la vida y escapar definitivamente, pues por él será sembrada una planta y serán establecidas todas las generaciones. 4 Y además, el Señor le dijo a Rafael: "Encadena a 'Axxx'el de pies y manos, arrójalo en las tinieblas, abre el desierto que está en Dudael y arrójalo en él; (Ap 20:13) 5 bota sobre él piedras ásperas y cortantes, cúbrelo de tinieblas, déjalo allí eternamente sin que pueda ver la luz, 6 y en el gran día del Juicio que sea arrojado al fuego.

7 "Después, sana la tierra que los Vigilantes han corrompido y anuncia su curación, a fin de que se sanen de la plaga y que todos los hijos de los hombres no se pierdan debido **al misterio que los Vigilantes descubrieron y han enseñado a sus hijos.** (Jr 12:4; Jl 2:22) 8 "Toda la tierra ha sido corrompida por medio de las obras que fueron enseñadas por 'Axxx'el, impútale entonces todo pecado. 9 Y el Señor dijo a Gabriel: "Procede contra los bastardos y réprobos de la fornicación *y haz desaparecer a los hijos de los Vigilantes de entre los humanos y hazlos entrar en una guerra de destrucción, pues no habrá para ellos muchos días.* 10 *"Ninguna petición en su favor será concedida,* pues esperan vivir una vida eterna o que cada uno viva quinientos años."

11 Y a Miguel le dijo el Señor: ve y anuncia a Shxxxa y a todos sus cómplices que se unieron con mujeres y se contaminaron con ellas en su impureza, 12 ¡*que sus hijos perecerán y ellos verán la destrucción de sus queridos!* Encadénalos durante setenta generaciones en los valles de la tierra hasta el gran día de su juicio. (1P 3:19-20; 2P 2:4; Judas 6) 13 "En esos días se les llevará al abismo de fuego, a los tormentos y al encierro en la prisión eterna. (Ap 20:10) 14 "Todo el que sea condenado, estará perdido de ahí en adelante *y será encadenado con ellos hasta la destrucción de su generación.* Y en la época del juicio que yo juzgaré, perecerán por todas las generaciones. 15 "Destruye todos los espíritus de los bastardos y de los hijos de los Vigilantes porque han hecho obrar mal a los humanos. (Fueron extraídos de este capítulo los versículos del 16 al 22)

Capítulo 12

1 Antes de esos sucesos Henoc había sido ocultado y no había ningún humano que supiera dónde fue escondido ni dónde estaba ni qué le sucedió. (Gn 5:24; Si 44:16; Sb 4:10,11; Hb 11:5) 2 El hacía todas sus acciones con los Vigilantes y pasaba sus días con los santos.

3 Así, yo Henoc estaba comenzando a bendecir al Señor de majestad, al Rey de los tiempos, y he aquí que el Vigilante del gran Santo me llamó a mí, Henoc el escribiente y me dijo: 4 "Henoc, escriba de justicia, ve a los Vigilantes del cielo que han abandonado las alturas del cielo, el eterno lugar santo y que se han contaminado con las mujeres haciendo como hacen los hijos de los hombres, y han tomado mujeres y han forjado una gran obra de corrupción sobre la tierra, y hazles saber 5 que no habrá para ellos paz ni redención de su pecado.

6 *"Y así como gozaron a causa de sus hijos ellos verán la muerte de sus bien amados y llorarán por la pérdida de sus hijos y suplicarán eternamente, pero no habrá para ellos misericordia ni paz".*

Capítulo 13

1 Luego, Henoc se fue y le dijo a 'Axxx'el: "No habrá paz para ti, contra ti ha sido pronunciado un gran juicio para encadenarte. (1P 3:19; 2P 2:4) 2 "No habrá para ti ni tregua ni intercesión, porque has enseñado la injusticia y a causa de todas las obras de impiedad, violencia y pecado que has enseñado a los humanos. 3 Y avanzando les hablé a todos ellos y todos temieron y se espantaron y el temblor se apoderó de ellos. 4 Me suplicaron que elevara una petición por ellos para que pudieran encontrar perdón por sus pecados y que la leyera en presencia del Señor del cielo. 5 Porque desde entonces ellos no pueden hablar a Dios ni levantar sus ojos al cielo, debido a la vergüenza por los crímenes por los cuales fueron condenados. 6 Entonces escribí su oración con todas sus peticiones por sus almas y por cada una de sus obras y por lo que suplicaban todos, que hubiera para ellos perdón y larga vida. (Se quitaron los versos del 7-10)

Capítulo 15

1 Y él me correspondió y me habló y yo oí su voz: "No temas Henoc, hombre justo, escriba de justicia; acércate y escucha mi voz. 2 "Ve y dile a los Vigilantes del cielo que te han enviado a suplicar por ellos: 'A vosotros corresponde interceder por los humanos y no a los humanos por vosotros'. 3 *'¿Por qué habéis abandonando el cielo alto, santo y eterno, os habéis acostado con mujeres y profanado a vosotros mismos con las hijas de los hombres y tomado esposas como los hijos de la tierra y habéis*

engendrado hijos gigantes?. 4 'Vosotros que fuisteis santos espirituales viviendo una vida eterna os habéis manchado con la sangre de las mujeres y habéis engendrado con la sangre de la carne y como los hijos del hombre habéis deseado después carne y sangre como aquellos que mueren y perecen'. (Lv 15:19.31)

5 "Por eso yo les he dado a ellos mujeres para que las fecunden y engendren hijos por ellas y para que así no falten ellos sobre la tierra." 6 'En cuanto a vosotros, fuisteis primero espirituales, viviendo una vida eterna, inmortal por todas las generaciones del mundo; 7 por ello no se os han dispuesto mujeres, pues la morada de los espíritus del cielo es el cielo'. (Mc 12:25) 8 **"Ahora, los gigantes que han nacido de los espíritus y de la carne, serán llamados en la tierra espíritus malignos y sobre la tierra estará su morada. 9 "Los espíritus malos proceden de sus cuerpos, porque han nacido de humanos y de los santos Vigilantes es su comienzo y origen primordial.**

Estarán los espíritus malos sobre la tierra y serán llamados espíritus malos. 10 "Los espíritus del cielo tienen su casa en el cielo **y los espíritus de la tierra que fueron engendrados sobre la tierra tienen su casa en la tierra.** 11 **"Y los espíritus de los gigantes, de los Nefilim, que afligen, oprimen, invaden, combaten y destruyen sobre la tierra y causan penalidades, ellos aunque no comen tienen hambre y sed y causan daños.** 12 **"estos espíritus se levantarán contra los hijos de los hombres y contra las mujeres, porque de ellos proceden.**

Capítulo 16

1 **"Después de la muerte de los gigantes cuando los espíritus hayan salidos de su cuerpo, su carne será destruida antes del juicio. Serán así destruidos hasta el día de la gran**

consumación, del gran juicio en el cual el tiempo terminará, junto con los Vigilantes e impíos. 2 "Y ahora, dile a los Vigilantes, que te han enviado a suplicar por ellos, que en otra época habitaban en el cielo, 3 'Vosotros estabais en el cielo **pero todos los misterios no se os habían revelado. No habéis conocido sino un misterio indigno y en el endurecimiento de vuestro corazón lo habéis comunicado a las mujeres y por ese misterio ellas y los hombres han multiplicado el mal sobre la tierra'.** 4 "Diles pues: 'No tendréis paz'".

* LIBRO DE HENOC, Traducido al castellano desde dos versiones inglesas, la de Robet H. Charles y la editada por Hedley F. Sparks, y desde la versión francesa de François Martin; las tres a su vez traducidas de los manuscritos etíopes, cotejados con manuscritos griegos; corregidas además estas versiones de acuerdo con *los manuscritos arameos del Qumrân* (4QEn - 4QEnastr), editados por Jozef Tadeusz Milik. Traducidos al castellano por Florentino García M.

EL CARÁCTER DE LOS VIGILANTES PERVERSOS Y SUS CONSECUENCIAS

Veamos entonces las características de los vigilantes perversos según los manuscritos de Enoc.

- Tenían sentimientos, (porque codiciaron)
- Tomaron decisiones propias.
- Pudieron copular con las mujeres y engendrar hijos.
- Conocían las ciencias y las matemáticas.
- Dominaban la astronomía y astrología.

- Tuvieron hijos a los cuales les pasaron sus genes, hombres de gran estatura.

Después de esta contaminación, la tierra se degradó grandemente aumentando drásticamente la perversión. Eso hizo enojar a Dios de tal manera que se arrepintió de haber creado al hombre. Después de la muerte de los vigilantes, sus espíritus nunca tuvieron reposo y quedaron vagando en la tierra, este fue el castigo que Dios les dio por dejar su dignidad celestial y contaminarse con la sangre de las mujeres. Hoy en día, Satanás sigue escogiendo mujeres y copulando con ellas. Ellas se nombran con el título de brujas o novias de Satanás. Ellas están poseídas por demonios que les dan inteligencia, hasta pueden hablar muchos idiomas a la vez. También son hábiles en muchas artes y hasta pueden estar ejerciendo puestos muy importantes dentro de los gobiernos. (Pueden alcanzar e influenciar a gobernadores y hombres de posición de alto rango).

> EL Nuevo Orden Mundial, el Budismo y la Nueva Era quisieran ver una gran manifestación de estos vigilantes caídos en la tierra muy pronto.

Observemos como se relacionan los vigilantes perversos, en los tiempos presentes:

- Vienen del cielo (Unos dicen que son del cinturón de la Constelación de Orión, mientras otros dicen que son procedentes del planeta X).
- Zingurat de Ur de los caldeos. (De la antigua

civilización Mesopotámica, ciudad Sumeria) dedicado a la diosa luna (Innana –Isathar – Diana).
- Pirámides (Egipcias y Mayas)
- Guerra y conquista (son destacados como hombres poderosos de renombre).
- Perversión, corrupción y codicia sexual. (Azazel-Belial).
- Rayo - energía- tecnología. (vigilantes).
- Nuevo Orden Mundial- Masonería (Civilización Sumeria, Egipcia, Persa, Nórdica- Druidas) (Francmasonería -Europea).
- Nueva Era (Hinduismo, Budismo, Poder Metal, horóscopos, etc.)

LA PERVERSIÓN DE AYER Y LA DE HOY

Podemos apreciar en estos fragmentos del libro de Enoc, cuando los vigilantes deciden bajar a la tierra y se juntan en un monte jurando todos en unidad. Este acto es el mismo que realizan los que se inician en lo oculto. Otros realizan pactos con la muerte, beben sangre y firman con ella. Estos actos no son nuevos, ni de esta época; ya en el inicio del primer siglo un grupo de judíos hicieron pacto de juramento de no comer ni beber hasta darle a Saulo de Tarso muerte.

...porque más de cuarenta hombres de ellos le acechan, los cuales se han juramentado bajo maldición, a no comer ni beber hasta que le hayan dado muerte; Hechos 23:21

La tierra fue afectada y aún lo es, una y otra vez por una

generación perversa y maligna que persiste en desobedecer y seguir por los caminos de la inmoralidad. Hoy, los días de Noé vuelven a repetirse, pero esta vez, multiplicados sobre la faz de la tierra en manera de:

1. **Corrupción** - se multiplica la maldad y se contamina la tierra.
2. **Violación ilícita** - las mujeres son sorprendidas por extraños amantes espirituales.
3. **Degradación de la familia** - vuelve el caos emocional.
4. **Un excesivo aumento del ocultismo.**
5. **El engendro de los gigantes (Nefilim)** raza que amenazó a los seres humanos.

COMO SER LIBRE DEL ESPÍRITU DE ABUSO SEXUAL – INCUBO, SÚCUBO, LILITH, INNANA - Por el Pastor Richard Ing

Ampliando el conocimiento a lo que se va a confrontar

Este espíritu se llama normalmente íncubo, y su género es de: ángel caído, también analizaremos otros casos.

El espíritu incubo trata de tener relaciones sexuales con mujeres. El espíritu contrario que ataca a los hombres se llama súcubo. Otros ministros han identificado un espíritu de Eldonna ,Eldora y otros espíritus relacionados sexuales involucrados, tales como **la masturbación, la pornografía, fantasías sexuales,** y así sucesivamente. En la isla de Fiyi, lo llamaban Davina.

Hay muchas puertas que pueden permitir a estos espíritus entrar e incluyen actividades sexuales, tales como la fornicación, adulterio, ver pornografía, y así sucesivamente, sin embargo, estas actividades no hacen que automáticamente esos espíritus entren. De lo contrario, casi toda la población adulta tendría estos ataques. Los pecados sexuales pueden estar involucrados y es necesario arrepentirse. Sin embargo, **los hechizos de brujería, maldiciones de lujuria, maldiciones generacionales y el abuso en la niñez también puede abrir las puertas.**

En un caso, hubo un hechicero o un hombre brujo que lanzaba conjuros sobre las mujeres y de alguna manera él se proyectaba astralmente o enviaba a los espíritus para tener relaciones sexuales con las mujeres. Con el tiempo atrajo a una mujer casada, yéndose a vivir con él. Otras veces, está involucrada una atadura impía del alma, en la que alguien era un compañero sexual ilícito por algún tiempo y la relación se rompió.

En otros casos, el espíritu "sexo degradado y pervertido" es en realidad un espíritu. Una vez ore por una chica que fue campeón estatal de judo a los 18 años de edad. Su instructor tenía una relación sexual ilegal con ella desde los 15 años, pero murió cuando ella tenía 20 años. Cuando ordene al espíritu a dar su nombre, dijo: soy *Sensei* (nombre del profesor), fue su difunto instructor con relación ilícita, pareja sexual que siendo su maestro, entrenador y mentor, tenia un control impío sobre ella con intenciones sexuales.

Cómo ser libre de este espíritu.

Oré por una mujer que sus padres habían sido satanistas y sus tíos practicaban el satanismo. Ella era atacada sexualmente cada noche. Uno de nuestros miembros tuvo un sueño en el que vio una larga fila de personas conectadas entre sí por las cadenas alrededor de sus cuellos. Esta mujer estaba en la línea. Todas estaban marchando a una cueva. En la boca de la cueva había una entidad enorme que parecía un hombre desde los hombros hacia abajo, pero con una cabeza que "parecía un pastor alemán". A medida que cada persona iba ante de este ser mitad hombre, mitad animal la entidad ponía una capucha negra sobre la persona. Cuando la mujer se acercó a esta entidad, le puso un ladrillo verde, luminoso en su hombro. Una semana anterior, fui dirigido por Dios a investigar la antigua religión egipcia y exclame: "¡Eso no es un pastor alemán. Esa es la cabeza de un chacal y el nombre del espíritu es Anubis, y, a veces Seth, o Set. La mujer por la cual había estado orando se emocionó. Indico que había estado escuchando el nombre de Seth, o Set toda la semana. Set o Anubis es el dios egipcio del inframundo, que tiene la cabeza de un chacal. Él controla los espíritus y el inframundo en la mitología egipcia . Satanás hace estas religiones y asigna los espíritus para representar el papel de varias deidades.

El ladrillo luminoso verde-amarillo en realidad es una puerta que permite a los espíritus entrar en esta dimensión. A veces, es un arco iris. Una persona puede "heredar" la puerta verde-amarillo o "arco iris" de los antepasados que practicaban la brujería o la adivinación. Los espíritus son capaces de entrar por la puerta o arco iris. La mujer vio a muchos demonios, todas las noches. Ella también fue capaz de ver que su atacante principal era mitad hombre, mitad cabra. Este espíritu menudo, se sentaban en el pecho y forzaba su órgano sexual en la boca de ella. Satanás mismo se describe como un macho cabrío o "Sater" en el hebreo. Es uno de sus disfraces favoritos. Los romanos lo llamaban Faun y los griegos Satyr-Pan. Él es un espíritu de excesos sexuales y lujuriosos. En la mitología griega y romana, aparece como espíritu medio-hombre, mitad cabra, soplando una flauta o una cacerola de tubería y teniendo encuentros sexuales con las ninfas del bosque.

Dios también me reveló que otro nombre para este espíritu sexual es Camuts o Kammutz. Al pronunciar el nombre de los demonios, los expone y los debilita. Llámalo por su nombre (aunque no siempre es necesario.). A menudo, los padres o miembros de la familia dedican a un niño a un "dios" o "diosa" y le abren la puerta a estos y otros espíritus. Ore y renuncie a todos los votos y dedicatorias, incluidos los de la Virgen María. Parece que muchas mujeres que están siendo atacadas por este espíritu son ex-católicos o tenían padres o familiares que lo eran. La Biblia describe un espíritu de brujería, uno en particular que afirma que es Dios, como la Virgen Madre de Dios (Is. 47:1); Madonna (Latin for "Lady") (Is. 47:5); and Queen of Heaven "Reina del cielo" (Jer. 44:17-19). Ella también es llamada "Babilonia la Grande" (Apoc. 17:5) y en el antiguo Egipto diosa "Isis".

Ore la siguiente oración antes de intentar echar fuera a este espíritu y otros espíritus de brujería:

"En el nombre de Jesús y en su sangre, yo renuncio y rompo todos los votos y dedicatorias realizadas sobre mí a la Virgen María (o otra deidad extraña) por mis padres o la persona (s) en control sobre mí. Yo no pertenezco a ella ni a cualquier otro dios o diosa. Renuncio a Satanás, Pan, Fauno, sátiro y cualquier otro espíritu que no viene de Dios. Yo pertenezco al Señor Jesucristo y no a otro. Sólo voy a servir a Jesucristo y no serviré a la maldad o cualquier otro dios o diosa de ninguna manera. No voy a tener nada que ver contigo Satanás o sus compañeros espíritus inmundos. Yo creo que Jesucristo es el Hijo de Dios, Él vino a la tierra en la carne, vivió una vida sin pecado y murió en la cruz por mis pecados y los pecados del mundo. Él resucitó

corporalmente de entre los muertos y ahora está sentado a la diestra del Padre en el cielo.

Te ordeno que salgas de mí y que me dejes, en nombre de Jesús. Amén. "

Protéjase a sí mismo mediante la oración diaria: "Padre, en nombre de nuestro Señor Jesucristo, te pido que nos escondas a mí y a mi familia bajo tus alas, y nos cubras con tus plumas, para que ni el diablo o cualquier otro espíritu malo nos pueda atacar. Gracias en el nombre de Jesús. Amén.

"Todos los cristianos, y especialmente aquellos que hacen la liberación o la expulsión de los demonios deben orar esto diario".

Cómo liberar a las personas de los ataques de perversión en la noche

Corte los lazos del alma que pueda tener con cualquier amante del pasado o cualquier persona con quien tuvo una relación muy estrecha, que tuviera control sobre usted.

Tome la espada del Señor, en el nombre de Jesús, que es viva y eficaz y más cortante que toda espada de dos filos; penetra hasta la división partir el alma y el espíritu, las coyunturas y los tuétanos, y discierne los pensamientos y las intenciones del corazón. (Hebreos 4:12)

Y ore cortando cualquier lazo del alma negativa entre usted y la persona del pasado involucrada en sus sentimientos que esté viva o muerta. Debido a que usted tenía una atadura impía del alma con ella, se debe romper, eso se llama lazo o cuerda espiritual. Repita: -**Yo corto cualquier lazo del alma entre Fulano (nombre) y yo.**

Si este personaje espiritual real persiste en atacarla, pídale a Dios que envíe ángeles para quitar cualquier espíritu lujurioso que poseía al amante este vivo o muerto.

ORACIÓN: - "Señor Jesús, por favor envía cuantos ángeles sean necesarios para recoger y llevarse a estos espíritus atormentadores, alrededor de mi, o que tratan de tener relaciones sexuales conmigo. Por lo tanto, le ordeno a todo espíritu desencarnado alrededor de mí o en mí a irse con los ángeles ahora, en Nombre de Jesús."

Rompa toda maldición de brujería. Las brujas maldicen y envían espíritus para acosar a la gente.

REPITA: Yo le hablo a todo espíritu perturbador de maldad y fornicación, y le digo que Jesucristo me ha redimido de la maldición de la ley, hecho por nosotros maldición:.. *Porque está escrito: Maldito todo el que es colgado en un árbol* Gálatas 3:13. En Su nombre y por la sangre de Jesús, rompo toda maldición, cada hechizo, cada hexágono, enviado contra mí por alguna bruja, hechicero, curandero o médico oculto en el nombre de Jesús. En muchos casos también sucede que los ataques sexuales vienen por los demonios de brujería involucrados

A veces, los padres o parientes han estado involucrados en el satanismo y en otras ocasiones practican la brujería o el ocultismo. Si en su área hay varios casos similares, puede ser que haya una bruja, brujo o chamán operando en esa zona. Estos casos son espíritus humanos de brujos que se salen del cuerpo y atacan a las personas.

Si usted siente que ese es su caso, **ore en contra de esa persona para que se rompan las maldiciones, hechizos, conjuros, enviados en su contra. Corte el hilo de plata que** une el alma del espíritu transportador y desconéctelo en el Nombre de Jesús. Amén.

2
Los Gigantes
(Nephilim)

Los gigantes aparecieron en la tierra cuando los hijos de Dios se unieron con las "hijas de los hombres". En Génesis 6:4 dice: "*...Había gigantes en la tierra",* la palabra -en- es una preposición que indica posición o lugar. Se refería al presente, o sea antes del diluvio, porque claramente dice: "*...en aquellos días",* pero sigue el texto diciendo: *...y también después;* y define que estos gigantes nacieron de la relación ilícita de los Vigilantes que bajaron y tuvieron relaciones con las mujeres, antes de Noé y después de Noé, es decir antes y después del diluvio.

Esas relaciones indebidas, entre seres superiores espirituales y humanos, se continuaron llevando a cabo lo que desencadenó una generación de seres perversos que pobló la tierra. En el mismo capítulo, se especifica que fueron llamados los "valientes" de la antigüedad.

Estos gigantes fueron grandes conquistadores, destacados hombres de guerra que lideraron y usurparon tierras. Cuando hablamos de gigantes parece que nos contaran historias antiguas de niños, pero ¿qué del efecto que dejaron en la humanidad? En las escrituras se habla al respecto cuando dice: "*... que Dios vio que la maldad de los hombres era mucha".*

Esto palabras denotan un cambio en la humanidad

indiscutiblemente por la influencia de estas criaturas que traían terror a los habitantes de sus épocas. - Alguien puede decir - ¿Gigantes en la tierra?. "Esto es especulativo y controvertido", puede opinar otro;...pero hay evidencias científicas que la primera civilización Sumeria tenía contactos con seres inteligentes venidos de las estrellas (especialmente de una de ellas que se encuentra entrelazada con la constelación de Orión). ¿Serian estos los llamados encuentros alienígenas u OVNIS?

En las tablas antiguas de Ur (Sumeria) hay una inscripción que dice: "....dios monto desde el cielo en las naves; dios vino de las estrellas, poseían las armas más terribles y volvió a las estrellas".

En la lápida de AKKADIAN de ese mismo tiempo dice: "Los dioses se conectan con las estrellas." Las estrellas eran pintadas en lápida tal como las vemos o las podríamos dibujar hoy. Evidentemente podemos sacar la conclusión a la luz de las Sagradas Escrituras que estas manifestaciones fueron viajeros espaciales con gran influencia demoníaca.

Algunos estudiosos creen que estamos viviendo una repetición del Génesis 6:5 en los tiempos presentes.

¿Podrían en realidad los asesinos crueles, hombres sin corazón deambular por la tierra hoy, llevando espíritus inmundos dentro de sus cuerpos? Jesús los nombró diciendo que ellos son los *"hijos del diablo"* (Mateo 13:38). No tenemos duda que estos hombres gigantes existieron porque así esta escrito en el

Pentateuco y en los libros históricos de la Biblia.

ANALIZANDO LOS GIGANTES A TRAVÉS DE LA LUZ DE LA BIBLIA

La palabra **Nefilim** o **Nephilim** significa en hebreo "derribadores" y "los que hacen caer". También significa "poderosos". Son nombrados en el Antiguo Testamento como hombres conquistadores y existen muchas evidencias que demuestran que, no sólo existieron, sino que tuvieron gran renombre en la antigüedad por ser hombres de guerra. Sin duda alguna, la antigua civilización que fue testigo de todo esto es la Mesopotamia.

Desde la Baja Mesopotamia, los reyes antidiluvianos mantuvieron ciertas características comunes que permitieron definirla como una unidad histórica. Las civilizaciones más destacadas de esta etapa fueron: Sumeria, Acadia, Asiria y Babilonia. Los sumerios fueron los primeros en recibir instrucciones tanto de cómo comunicarse a través de la escritura (cuneiforme) como de la edificación de ciudades y templos para la adoración y comunicación con estos seres bajados del cielo o llegados de otros planetas.

Todo esto quedo impreso en estelas de piedras como la de Naram – Sim descendiente del renombrado Sargón, quien se convirtió en el primer monarca histórico que unificó la cuenca Mesopotámica. Estas estelas marcan una huella de sus conquistas. Las imágenes que son talladas en bajo relieve, muestran a estos poderosos conquistadores como hombres de elevada altura. Una de ellas es la estela de Naram-Sim que conmemora la victoria del monarca acadio contra el pueblo de los lullubi; en esta época se alcanzó su máxima extensión territorial, desde la costa mediterránea, el antiguo Líbano, Canaán, Alepo y la actual Siria. No es de extrañar que toda esta gran extensión, es el lugar geográfico donde se encontraron los primeros guerreros gigantes nombrados en la Biblia. Sargón inició su conquista como hemos mencionado desde Sumeria, subiendo hasta Siria, bajando por Canaán, hasta llegar a Egipto.

Reconocemos que los restos de esqueletos de gigantes han sido encontrados en diferentes partes del mundo. Al nombrar la palabra gigante ella misma da a entender que eran humanos con una estatura mayor a la del promedio natural. Actualmente el hombre mide aproximadamente 6 pies, lo que equivale a 1.82 mts; mientras que los gigantes nombrados en el Antiguo testamento se dice que tenían alrededor de tres metros. Analicemos lo que nos relatan las Sagradas Escrituras acerca de las familias de los gigantes.

*...Salió entonces del campamento de los filisteos un paladín, el cual se llamaba Goliat, de Gat, y tenía de altura **seis codos** y un palmo.* 1 Samuel *17:4.*

Gat era una de las principales ciudades de los filisteos, ubicada en dirección oeste. Los clanes descendientes de los gigantes mencionados en la Biblia son aquellos contra los cuales el pueblo de Israel tuvo que pelear para poseer la tierra que Dios les había prometido. Canaán estaba lleno de gigantes, hombres fuertes y valientes con conocimiento de guerra que producían terror a todo aquel que se atrevía entrar en sus territorios. Analicemos los gigantes que se encontraban desde el río Éufrates hasta el Mediterráneo:

- **Los Anakim** (Anaquitas) *...También vimos allí gigantes, hijos de Anac, raza de los gigantes.* Deuterenomio 13:33. Estos eran los hijos de Anac.
- **Refaim** (refaitas): A los gigantes se le puede traducir también como [*Gibborim*]
- **Zamzummim**: Deuterenomio 2:19-21
- **Emim**: Los emitas, son de la misma raza que los Nefilim. Todos ellos se traducen por "gigantes".

Leamos los textos bíblicos que nombran a los gigantes:

*...Los **emitas** habitaron en ella antes, pueblo grande y numeroso, y alto como los hijos de Anac. Por gigantes eran ellos tenidos también, como los hijos de Anac; y los moabitas los llaman **emitas".** Deuteronomio 2:10,11.*

*...Y volvió a haber guerra en Gat, donde había un hombre de grande **estatura**, el cual tenía seis dedos en pies y manos,...veinticuatro por todos; y era descendiente de los gigantes. 1 Crónicas 20:6*

*Porque únicamente Og rey de Basán había quedado del resto de los gigantes. Su cama, una cama de hierro, ¿no está en Rabá de los hijos de Amón? La longitud de ella es de nueve **codos**, y su anchura de cuatro **codos**, según el codo de un hombre. Deuteronomio 3:11.*

La palabra "emitas" representaba la palabra: terror. Hoy se llama terrorífico o terrorrismo a todo aquello que aterroriza o causa temor.

Actualmente la región de Gaza (ciudad de los antiguos filisteos enemigos del pueblo de Israel), era el lugar donde estos descendientes de gigantes vivian, como Goliat el filisteo.

No dudamos que el pánico producido por el "terrorismo internacional" desciende del espíritu malvado o perverso que es contra el espíritu de Cristo.

I. LOS ESPÍRITUS INMUNDOS BUSCAN CUERPOS PARA MORAR

¿Y qué pasó con los gigantes cuando estos murieron? ¿Qué sería de sus almas y espíritus? ¿Les daría Dios reposo en el Hades como a las demás almas humanas? En el libro de Enoc se puede encontrar luz a ciertas incógnitas acerca de los espíritus inmundos y su insistencia en poseer los cuerpos de los humanos.

Teólogos y eruditos han sostenido que los demonios, pudieran ser ángeles caídos. La Biblia cuando habla de los ángeles nos los enseñan como mensajeros divinos, que ayudan a los santos y les revelan visiones específicas enviadas por Dios; nunca habla que los ángeles quieran poseer o vivir dentro de los cuerpos de los humanos.

Leyendo detalladamente el libro de Enoc, encontramos

con claridad de dónde provienen los espíritus inmundos. Este hecho se lee bien claro en Enoc 15:8:

8 *"Ahora, los gigantes que han nacido de los espíritus* y de la carne, serán llamados en la tierra espíritus malignos* y sobre la tierra* estará su morada.* 9 *"Los espíritus malos proceden de sus cuerpos, porque han nacido de humanos y de los santos Vigilantes es su comienzo y origen primordial*. Estarán los espíritus malos sobre la tierra y serán llamados espíritus malos.* 10 "Los espíritus del cielo tienen su casa en el cielo *y los espíritus de la tierra que fueron engendrados sobre la tierra tienen su casa en la tierra.* 11 *"Y los espíritus de los gigantes, de los Nefilim, que afligen, oprimen, invaden, combaten y destruyen sobre la tierra y causan penalidades, ellos aunque no comen tienen hambre y sed y causan daños.* 12 *"estos espíritus se levantarán contra los hijos de los hombre y contra las mujeres, porque de ellos proceden.*

En esta frase, se puede entender, que los gigantes eran vistos como espíritus malignos andando sobre la tierra.

La palabra *maligno* en griego es [*ponēros*] #4190 que significa: dañino, malo, degeneración de la virtud original, envidia, perverso, crimen enorme, delincuente, con consecuencias tales como: el afán, la fatiga, y la angustia. Cuando una persona está bajo ese efecto es que está siendo influenciada por esos espíritus malignos.

Si bien no están ahora en cuerpos de estatura elevada, sí oprimen a los humanos y muchos penetran en sus cuerpos atormentando sus almas. Ellos instan a asesinar, pecar y degradan la mente y el alma de las personas a tal punto que los lleva a convertirse en delincuentes. Hoy la humanidad está extremadamente influenciada por esos espíritus de los "Nefilim". Podemos analizar por la expresión anterior que, con cuerpo o sin cuerpo, ya fueron determinados a ser espíritus malignos.

Sus características son :

- Espíritus de la maldad, engendrados en los vientres de las mujeres.*
- Son nombrados como: espíritus malignos.*
- Siendo engendrados por seres espirituales, el castigo que recibieron los vigilantes fue que sus hijos quedarían habitando en la tierra sin reposo.*
- No comen pero tienen hambre y sed.
- Son familiares porque pasan de generación en generación.
- No les gustan que los echen fuera.
- A veces toman la garganta de la persona y gritan que no van a salir. Reclaman los derechos de estar ahí, diciendo que ellos pertenecen a ese cuerpo.

Otros piden agua porque sienten la sensación del fuego que les quema. Son a veces sentimentales porque rápidamente se llenan de ira e intentan matar o lastimar a la persona antes de ser sacados fuera (especialmente los que han hecho pactos con ellos y han practicado la brujería).

Hay demonios dentro de la santería cubana que incitan a

quien los tiene a tomar Ron. El demonio es el que se lo traga, mientras que la persona ni se emborracha ni huele de alcohol. Otros les han hecho creer que son sus protectores o sus guardianes, siendo ellos los que apartan a las mujeres de las relaciones sexuales con sus maridos. Uno de ellos muy común en la Republica Dominicana usado por la hechicería, se llama "Candelo"* y es invocado para proteger a las niñas que han sido abusadas sexualmente. Este espíritu se aprovecha del dolor producido en la persona y son ellos los que inducen al lesbianismo y a la soledad, influenciando sobre el alma herida el odio y rencor contra los hombres.

Hay que ser persistente y echarlos fuera porque los espíritus inmundos traen opresión al alma, la mente, el cuerpo y trasmiten rebelión, odio, y venganza en las personas que los poseen. Leamos la lista de lo que ellos trasmiten abiertamente:

- **Aflicción** - al alma
- **Daño** – físico, mental
- **Opresión** – de la mente y el cuerpo
- **Invasión** – a la privacidad de la persona
- **Combate** - contra el alma del creyente
- **Destrucción** – en matrimonios y emociones
- **Desgracias** – en todos los aspectos
- **Contrariedades** contra los hombres y las mujeres porque de ellos provienen.

*- El nombre de este demonio "cándelo" ha sido echado fuera por el autor de este libro, mientras le ministraba liberación a dos personas diferentes. En los dos casos

estaba relacionado con la hechicería dominicana.

II. LOS ESPÍRITUS INMUNDOS QUEDARON VAGANDO EN LA TIERRA

Cuando los gigantes murieron, sus espíritus nunca recibieron reposo. Ese fue un castigo que Dios les dio por el acto que hicieron los Vigilantes, cuando los engendraron con las mujeres de la tierra.

Estos espíritus siempre fueron malignos. No debemos de olvidar que su engendro fue sin el consentimiento del Todopoderoso Dios Creador de las almas. El engendro de esos espíritus dentro de los vientres de "las hijas de los hombres" fue en codicia, lujuria y rebelión, nacidos de relaciones ilícitas e impuras. Sus espíritus quedaron sin reposo vagando en la tierra.

> Estos son los espíritus inmundos llamados espíritus de maldad, que buscan refugio en los cuerpos humanos buscando casas para reposar.

Se han quedado en la tierra de generación en generación, buscando cuerpos para poseer. Teniendo la maldad e iniquidad de sus engendros. Hoy en día, hay dos causas básicas para que estos espíritus inmundos entren dentro del cuerpo de un ser humano:

a) Por haberlos invocado
b) Por herencia familiar

Una vez dentro de los cuerpos humanos, oprimen y llevan a las personas a cometer actos vergonzosos que compiten con la santidad de Dios y más aún, con el **propósito original** por el cual el hombre fue creado. Su posesión trae opresión y esclavitud. Ellos están hoy tan vigentes como en los días de antes y después de Noé. Indiscutiblemente hay una gran similitud entre los días de Noé y nuestros días.

Dios le ha dado a la Iglesia el pan de la liberación; desde el gran éxodo de Egipto hasta ahora. Dios mandó su libertador Jesucristo. La Iglesia debe de hacer la encomienda que recibió: ... *en mi Nombre echaran fuera demonios.* Marcos 16:17

III. ¿QUÉ HUELLAS DEJARON EN LA HUMANIDAD?

Analizando delicadamente este tema podemos deducir dos cosas bien importantes para todo aquel que siente el llamado de Dios para la intercesión y la liberación. Hoy todavía existen hombres posesionados por espíritus inmundos como los conquistadores fieros y malvados, llamados por la Biblia "los gigantes".

No sólo los que en el pasado fueron inspirados por Satanás para conquistar el mundo, levantándose como precursores del anticristo. La perversidad está aun más elevada que en la época de Noé cuando se manifestaron en la tierra los "vigilantes perversos". Esta huella, todavía está en medio de nosotros. Es un vestigio de maldad en el corazón del hombre; un engendro constante de impiedad que pasa de generación en generación. Hoy se manifiestan en la faz de la tierra los espíritus inmundos controlando las mentes para degradar a la humanidad.

La pornografía y el abuso a los niños son lo más degradante que esta humanidad posee. La maldad se ha multiplicado considerablemente en estos días intensificándose en muertes y asesinatos, produciendo una escalada de tensión en el mundo entero. Dios esta llamando y responsabilizando a la Iglesia a ocupar el lugar que los Vigilantes santos dejaron. La iglesia escogida por Dios tiene que levantarse a interceder por la humanidad caída y no dejar el lugar de posicionamiento que cada uno tiene en el muro o puerta de la ciudad que Dios lo ha llamado a ocupar.

Segunda Parte

Los Vigilantes del Muro

3
El Ministerio de los Vigilantes o Centinelas

En Isaías 62:6-7, 10 dice: ..."Oh Jerusalén, yo he puesto centinelas en tus murallas; ellos oraran continuamente, de día y de noche. No descansen, ustedes que dirigen sus oraciones al Señor. No le den descanso al Señor hasta que termine Su obra... ¡Salgan por las puertas! ¡Preparen la carretera para el regreso de Mi pueblo! Emparejen el camino, saquen las rocas y levanten una bandera para que la vean todas las naciones. NTV

EL CENTINELA

Y detrás del velo que se ve con el ojo natural
un gran evento se prepara
Una guerra y una celebración de boda
tendrá lugar en su momento:
...pronto pero aun no! es lo que el centinela
da en medio de la neblina de la noche;
Él puede percibir un gran resplandor
en el horizonte preparándose para avanzar:
¡Despertad vosotros que dormís!
El llama ¡Venid, llenad vuestras
lámparas con aceite fresco!
gemid en la calles, no estéis silenciosos
porque la venida del gran Rey está cerca

¡Levantaos, brillad! porque la luz ha venido
y la gloria del Señor se levanta sobre vosotros ...
... esperad por el Señor; Sed fuertes y de gran valor
si! ... Esperad por el Señor.
*Mi alma espera a Jehová Más que los centinelas a la
mañana, Más que los vigilantes a la mañana. Espere Israel
a Jehová, Porque en Jehová hay misericordia, Y abundante
redención con él; Y él redimirá a Israel de todos sus
pecados.* Salmo 130:6-7

*Jerusalén tu Dios te dejó bajo el cuidado del centinela,
No estará callado de día y de noche;
de la boca del Señor proclamara
constante su mensaje.
No descansara hasta que su Dios establezca
su gracia y poder sobre su pueblo
No tendrá descanso jamás
hasta que Dios ponga a su pueblo adorar
!Él es el Santo de Israel!
El proclamó su mensaje, a toda la creación
para que haya verdadero arrepentimiento.
El tabernáculo se alza hoy en aquellos que han de creer,
Hay un grito de libertad que va creciendo,
es Su trompeta, Su aviso, Su Shofar
Si levantas tu voz proclamando al Señor Jesús
Él vendrá!
Las naciones verán que de Sión, viene la Salvación
La unción del Señor está aquí
!Que los ciegos lo miren, que los cautivos sean libres!
El viene cabalgando sobre las nubes, trayendo salvación
para Su pueblo.

*Poesía usada en la canción "El Centinela" por Paul Wilbur - letra de la canción parafraseada.

EL CENTINELA DE DIOS

La definición de la palabra "centinela" en el Diccionario Larousse es *"el soldado que se coloca de guardia en un sitio".* En forma figurativa quiere decir: *"Persona que vigila una cosa".* En la Palabra de Dios, **el guardián o centinela** se refiere *"a aquél que estaba puesto como atalaya sobre las murallas de una ciudad".* Es decir, aquel que cuidaba la viña o el que realizaba la función de vigilante al lado del general en la batalla. En la antigua Israel, el centinela se paraba en las partes más altas del muro de la ciudad y tenía la responsabilidad de observar continuamente todo lo que sucedía fuera de la ciudad, para dar aviso de todo movimiento extraño al pueblo. Podemos encontrar cuatro ejemplos bíblicos de lo que los centinelas hacían:

a. **Informaban a la ciudad del progreso de la batalla.** El "Centinela" era aquel que estaba cerca del guerrero y tenía la responsabilidad de informarle a éste acerca del progreso de la guerra. Encontramos el caso del Rey Saúl cuando manda preguntar a su centinela. (1 Samuel 14:16). **De sus enemigos** (1 Samuel 18:24)

b. **Vigilaban los muros de la Ciudad**. *Me hallaron los guardas que rondan la ciudad;... Me quitaron mi manto de encima los guardas de los muros.* Cantares 5:7. Otro ejemplo es el de David. *Y David* *estaba sentado entre las dos puertas; y el **atalaya** había ido al terrado **sobre la puerta en el muro**, y alzando sus ojos, miró, y vio a uno que corría solo.* 2 Samuel 18:24. El pueblo de Israel reconocía la importancia de construir muros de protección o fortalezas alrededor de la ciudad. Un lugar sin protección sería una presa fácil para el enemigo.

c. Tenemos como ejemplo a varias ciudades antiguas como Babilonia. Jericó, por ejemplo, estaba rodeado por un muro ancho. Dentro de los muros, había viviendas en las cuales habitaban familias. Rahab, la ramera, vivía con la suya dentro del muro. La gran ciudad de Dios, Jerusalén también estaba rodeada de murallas. En diferentes épocas de conquistas, estas murallas fueron derribadas; pero en los años siguientes, fueron restauradas una y otra vez.

d. ¿Cuál era el propósito central del muro? proteger a los habitantes de la ciudad de sus enemigos; resguardar al rey y a su corte. El muro no solo facilitaba, **seguridad al pueblo,** también servía como: un lugar alto y estratégico para **discernir los movimientos del enemigo y para dar aviso del peligro**.

e. **Informaban lo que los mensajeros traían:** Dentro de los oficios del centinela del Rey, estaba la labor de cuidar su casa e ir con él, a todo lugar donde el rey se trasladara… *Y David estaba sentado entre las dos puertas; y el atalaya había ido al terrado sobre la puerta en el muro, y alzando sus ojos, miró, y vio a uno que corría solo.* (2 Samuel 18:24 – 27) *f.* **El que cuidaba las viñas y los campos labrados durante el tiempo de la cosecha.** Su responsabilidad era proteger el fruto agrícola tanto de los ladrones enemigos como de los animales.

g. **Los profetas de Israel eran vistos como centinelas que avisarían a través de la voz de Dios la verdad**

h. **El Señor mismo es comparado como el que cuida a Israel.** *...Si Jehová no edificare la casa, En vano trabajan los que la edifican; Si Jehová no guardare la ciudad, En vano vela la guardia.* Salmo 127:1

i. El centinela tenía que hablar lo que veía, y lo que oía; esta era su más importante misión. *Porque el Señor me dijo así: Ve, pon centinela* ***que haga saber lo que vea.*** *Y* ***vio*** *hombres montados, jinetes de dos en dos, montados sobre asnos, montados sobre camellos; y* ***miró más atentamente, y gritó como un león: Señor, sobre la atalaya estoy yo continuamente de día, y las noches enteras sobre mi guarda;*** **Isaías 21:6-8** En Isaías vemos que Dios exhorta a los centinelas espirituales que vuelvan a ver, para hacerlo mejor aún. En este caso la visión era clara pero se tenía que aclarar más. Se aproximaba "un torbellino del desierto" similar a dos principados con el propósito de arrasar con el pueblo de Dios. Uno era llamado *****prevaricador,** y el otro **destructor.** Los centinelas no podían callar; viniera lo que viniera.

> Hoy en día son pocos los que se atreven anunciar al pueblo lo que viene por temor. Estos centinelas no son los correctos para funcionar sobre el muro.

LA FUNCIÓN DEL CENTINELA DE AYER Y HOY

> En muchos textos de la Biblia las Palabras centinela se refiere a atalaya.

La palabra "atalaya" en hebreo, es [*tsaphah*] #6822 que significa: mirar de lejos; mirar alrededor; el espía; vigila; vigilar; el que observa. Es bien importante entonces que:

- oiga
- vea
- y amoneste correctamente

En Isaías 52:8 dice así: *...!Voz a tus atalayas!* El servicio del atalaya es velar, estar atento, y alzar la voz para avisar. Para eso debe de estar apercibido. Ezequiel 33:5 dice:*...te he puesto como atalaya...* oye y luego...*exhorta.*

Es importante entender que para primero hablar, hay que oír a Dios y ver por el Espíritu (que son los ojos espirituales) lo que Dios quiere mostrar.

> Primero se oye la voz de Dios; luego se habla.

- Mirar – observar - velar
- Cuidar
- Dar aviso del peligro.

EL PROFETA EZEQUIEL Y SU LLAMADO

Asombrosamente Dios le dio este ministerio a un gran profeta como lo fue Ezequiel. Así le dice: *...Hijo de hombre, yo te he puesto por atalaya a la casa de Israel; oirás, pues, tú la palabra de mi boca, y los amonestarás de mi parte. Ezequiel 3:17.*

> **Todos somos responsables por nuestro comportamiento.**

Ezequiel fue llamado por Dios en un momento difícil que estaba pasando el pueblo de Dios. Jerusalén estaba rodeada por el enemigo; la gente estaba agotada y con muchos días de escasez tanto de alimentos como de agua.

Ezequiel, al recibir el llamado de Dios, debe de comer el rollo para que su cuerpo sea alimentado totalmente por la correcta revelación de Dios. Ezequiel recibe un llamado difícil en un tiempo tenso; militarmente hablando.

La Iglesia en el tiempo presente esta en tensión y en guerra; si se está bajo presión militar espiritual, la batalla arrecia y hay que estar atento. La batalla está en la mente del pueblo que no discierne correctamente que los fracasos vienen no por parte

de Dios sino por desobedecer el pacto hecho a Dios.

Ezequiel es llamado para recibir visiones sorprendentes en el mundo espiritual. En esas revelaciones sería trasladado en el espíritu, para ver literalmente el pasado con el propósito de entender por qué Dios castigaría (en su presente) a su pueblo. Su nombre coincidiría con el trabajo que ejecutaría "Dios fortalece". Indiscutiblemente en estos tiempos los siervos "guardianes del muro" son llamados para alertar al pueblo de lo que sucede y el por qué sucederán los acontecimientos. Los guardianes o centinelas **serán fortalecidos, protegidos y cubiertos de la hora de la prueba que viene sobre el mundo** (*Ezequiel 33:7-20*)

Ezequiel es llamado por Dios para ser centinela del pueblo de Israel y responsable para dar el aviso verdadero y fiel que oiría de parte de Dios. El trabajo del centinela profeta era disuadir a las personas que cambiaran totalmente sus ideas erróneas acerca de Dios.

Israel creía que era inmune a sus enemigos. Ellos aseveraban una y otra vez que esa tierra les pertenecía por derecho legal, dada la promesa hecha a Abraham. No se daban cuenta que ese pacto era condicional; ellos eran responsables de sus propios pecados; asesinar al inocente, adorar ídolos detestables, tejer vendas mágicas para engañar al pueblo, adorar a Tamuz, comer carne y otros actos impuros, ellos mismos estaban rompiendo el pacto de protección que Dios les había hecho.

Muchos le echan la culpa a Dios de lo que está sucediendo, sin darse cuenta que ellos mismos rompen la barrera de protección cuando desobedecen y quiebran las promesas que hicieron un día al Señor.

El centinela sería responsable si oyendo la advertencia de Dios no la anunciaba al pueblo.

Muchos serán castigados por Dios por no dar el correcto mensaje en tiempos peligrosos; el centinela esta llamado para dar aviso para que el pueblo pueda estar a salvo. Los Profetas y pastores son lo que más deben oír a Dios en estos tiempos para dar el aviso correcto de parte del Señor (aviso de trompeta).

El propósito de Dios es que tanto el creyente como el malvado o inicuo se arrepientan. Nadie es justo por sí mismo delante de Dios; el mensaje de Dios para el pueblo es el mismo, tanto para el justificado como para el impío: "caminar diariamente bajo una intención real y humilde de arrepentimiento delante de Dios". El sigue siendo el Dios que puede salvar a su pueblo de la cautividad.

El cristiano hoy puede caer preso en cárceles por desobediencia oculta. Hoy es el tiempo para sincerarse delante de Dios y ser libre de toda mentira escondida para ser verdaderamente ¡vencedores y libres!

El pueblo debía cambiar de actitud al oír el verdadero

mensaje de parte de Dios. Sin embargo, murmuraron del profeta y se burlaron escuchándolo y haciendo otra cosa. Fingieron una sinceridad falsa, oyeron pero no tenían intención de hacer lo que Ezequiel les decía. Ezequiel 33:32 dice: "les resultas muy entretenido, como alguien que les canta canciones de amor con una hermosa voz o les toca buena música con un instrumento" NTV.

... ¡Apártense! ¡Apártense de su maldad, oh pueblo de Israel! ¿Por qué tendrían que morir? Ezequiel 33:11 NTV. La verdadera voluntad de Dios es que prefiere dar vida en vez de muerte, libertad en vez de esclavitud, por esta causa es que manda a los verdaderos vigilantes a exhortar al pueblo para traer el verdadero arrepentimiento al corazón.

Como un anillo y un collar del oro más fino, es la sabia represión en quien sabe recibirla. Proverbios 25:12.

CARÁCTER DEL CENTINELA

El centinela era un personaje muy importante, pues de él dependía la tranquilidad de la ciudad. En sus manos estaba el advertir a los demás de cualquier posible ataque. De tal manera que si el centinela advertía la presencia del enemigo y el pueblo no respondía, no sería culpa de él la derrota. Pero, por si algún motivo el centinela no advertía la cercanía del enemigo, el mismo tendría que cargar con la responsabilidad de todas las muertes. No parece tarea fácil la de un centinela, y menos si lo que se advierte, son extravíos y acciones incorrectas con respecto a la voluntad de Dios

El Espíritu de Dios, quiere desarrollar hoy en su Iglesia una unción intercesora que caiga sobre los porteros vigilantes, para convertirlos en creyentes responsables, no solo de cada congregación sino de ciudades y naciones. No solo la responsabilidad es necesaria en este ministerio sino el carácter. El carácter de los hombres del tiempo del fin será conocido como, rebelde e indisciplinado, pero el carácter de los hijos de Dios marcara la diferencia.

- **Son Fieles:** Habían centinelas fieles como los profetas Elías, Eliseo, Isaías, Jeremías, Daniel, Ezequiel y otros que amaban a Dios y al pueblo. Los centinelas fieles constantemente exhortaban al pueblo a obedecer los mandamientos de Dios, a no practicar la idolatría y a no formar alianzas con las naciones extranjeras. El trabajo del centinela no era placentero como se ve en Ezequiel 2:4-7:

  "A los hijos de duro semblante y corazón empedernido, a quienes te envío, les dirás: Así dice el Señor Dios. Y ellos, escuchen o dejen de escuchar, porque son una casa rebelde, sabrán que un profeta ha estado entre ellos. Y tú, hijo de hombre, no les temas, ni tengas miedo de sus palabras, aunque te hayas entre zarzas y espinos, y moras con escorpiones; no tengas miedo de sus palabras, ni temas delante de ellos, porque son casa rebelde. Les hablarás, pues, mis palabras, escuchen o dejen de escuchar; porque son muy rebeldes".

- **Personas de oración:** *"Hacéis que el Señor recuerde"* Isaías 62:6. Este es el tiempo que Dios está buscando los "cuidadores de los muros." Los atalayas de hoy son los intercesores proféticos. Dile si a Jesús, cuando sientas su llamado a orar más, y te convertirás en un instrumento útil para la Iglesia del Señor.

- **Exhortan y guían a otros:** Hoy ser un verdadero centinela, es una responsabilidad grande. Es ser un guía, apasionado por las almas y por Cristo, ¡es ser más que un consejero!. Es el gozo de saber que alguien ha sido alertado, y ha podido ser guardado de caer prisionero de la opresión del enemigo, o de la misma muerte espiritual.

El centinela, es un intercesor que ora por otro y le da palabra de Dios, de consuelo o de exhortación. Infortunadamente, muchos no entienden esta responsabilidad delante de Dios, y cuando se les exhorta, se enojan y otros toman la opción de irse de la congregación.
Eso denota no solo inmadurez, sino que todavía viven bajo la influencia de un espíritu de hijo prodigo derrochador, que no es el verdadero hijo de la casa.

El deber del centinela se explica en Ezequiel 3:16-21 y 33:7-9: *"Cuando yo dijere al impío: Impío, de cierto morirás; si tú no hablares para que se guarde el impío de su camino, el impío morirá por su pecado, pero su sangre yo la demandaré de tu mano. Y si tú avisares al impío de su camino para que se aparte de él, y él no se apartare de su camino, él morirá por su pecado, pero tú libraste tu vida".*

- **Declaran al pueblo su transgresión**: Isaías 58:1: *"Clama a voz en cuello, no te detengas; alza tu voz como trompeta, declara a mi pueblo su transgresión y a la* *casa de Jacob sus pecados"* y también el castigo que les esperaba si no se arrepentían.

- **Saben gobernar bien su casa:** (cuerpo, alma y espíritu.) Para no ser quitado de su posición, el intercesor vigía debe de ejercer el auto control. No puede ser vencido por su mal carácter o dejarse llevar por sus emociones. Para ejercer este trabajo debe conocer bien como se mueve el mundo espiritual, saberse controlar y mantenerse calmado bajo las presiones del medio ambiente, tanto del trabajo como familiar.

La palabra **gobierno** en hebreo es [*awtsar*] que significa: *ayunar, mantener, reunir, cerrar, refrenar el yo, ser capaz de permanecer, recuperarse (*rápido de los ataques, no mantenerse caído*)*. Un atalaya en el muro de intercesión debe permanecer firme y perseverar durante la prueba y adversidad. Si se debilitare y cayere debe recuperarse y levantarse rápidamente.

- **El líder de intercesión (el pastor) y el atalaya, necesitan tener una misma mente, ya que eso produce una estructura sólida en la congregación.** Eso los hará firmes para resistir cualquier condición, ataque del enemigo, o influencia del mundo. El muro debe de ser un lugar de mutuo acuerdo.
Dice Mateo 18:29 *Otra vez os digo, que si dos de vosotros se pusieren de acuerdo en la tierra acerca de cualquiera cosa que pidieren, les será hecho por mi Padre que está en los cielos.*

Deuteronomio 32:30 nos enseña que si Dios, nuestra

roca, no nos hubiera entregado nuestros enemigos, no se pudiera hacer que una persona hiciera huir a mil y dos a diez miel. (Tenemos a veces intercesores dentro del cuerpo de Cristo que entran en guerra espiritual sin cobertura o por su propia cuenta, por lo que se debilitan y son expuestos a fuertes ataques y contra ataques del enemigo).

- **Es importante interceder de acuerdo con lo designado por el Espíritu de Dios.** Algunos ejemplos de los temas para orar, pueden ser: Pastores, lideres, la iglesia, los grupos familiares, la ciudad, el gobierno, un evento congregacional, etc.

-
  Es elemental comprender que el muro es un lugar de servicio y de guerra espiritual donde el intercesor se compromete a interceder por algo específico.
  Cuando se está haciendo un trabajo de intercesión congregacional por ejemplo, no es el momento para orar por peticiones personales. El enemigo tratara de distraerlo para que no llegue al objetivo primordial (que fue el trabajo que se le encomendó).

  Por ese motivo viene el ataque cuando la distracción llega; y eso hará al enemigo colarse o infiltrarse en el campamento. El muro es un lugar estratégico y de enfoque.

- **Un atalaya está posicionado estraté-gicamente.** Debe tener en claro su autoridad delegada por su Iglesia local. Su función es de vigilar, oír la voz de

Dios y alertar primeramente a su líder y este lo hará al Pastor. Su posición en "las puertas" le facilita discernir por el Espíritu Santo cuando un peligro se acerca; como también identificar sus asechanzas y movimientos en contra del pueblo de Dios.

- **El intercesor atalaya, se mueve fuertemente en el don de discernimiento**, debe ser capaz de vigilar y alertar, y nunca comprometer su posición buscando alianzas con fraudulentos o aprobación falsa de la gente (ni usar su posición para desacreditar a otra persona).

- **Su posición debe ser de perseverancia, solidez, lealtad y compromiso.** El atalaya que falla en alertar a su superior, por temor a ofender a una persona, o a ser rechazado, arriesga que la sangre de ese pecado oculto caiga sobre él. Su compromiso es con el Señor. Dios es el que da la recompensa.

LO QUE OBSTACULIZA LA EFECTIVIDAD DEL CENTINELA

- <u>**Ceguera**</u>: El vigía que no ve, es inútil para esta obra. *Sus atalayas son ciegos, todos ellos ignorantes; todos ellos perros mudos, no pueden ladrar; soñolientos, echados, aman el dormir.* Isaías 56:10.

- <u>Ignorancia</u>: Ignora los tiempos y el mover del Espíritu. Un vigía debe discernir en el Espíritu los tiempos y hacer llegar esa información al pueblo.

- <u>**Ser como el perro "mudo"**</u>: Este espíritu se mueve en falsos vigías que solamente se preocupan por sus necesidades y de recibir algo a cambio. Por causa de la desobediencia, perversión, y debilidad no tienen la habilidad de discernir cuando es el enemigo y cuando no.

- **Tiene la influencia de un espíritu soñoliento.** Es flojo espiritualmente, (hombre natural, carnal), no vela. No es apto para ocupar esa posición todavía, velar = no dormir. En Isaías 56:10, habla de los *"perros soñolientos"*. El perro ladra en la noche para avisar de los extraños o ladrones, si no ladra pierde su objetivo o propósito.

- **Busca su propio bienestar**. Si está operando bajo la influencia de egoísmo se manifestara en él, el espíritu de interés. Quiere que todo sea hecho a su manera "y fomentan el interés propio" por lo cual refuerzan los espíritus familiares.

Si un reino está dividido contra sí mismo, tal reino no puede permanecer si una casa está dividida contra sí misma, tal casa no puede permanecer. Marcos 3:24-25.

4
Los Centinelas en los Ministerios de la Iglesia

Dios está llamando a su Iglesia para ser **vigilante**. Eso representa ser centinelas del Señor en el Espíritu de Dios y en la oración trabajada. Santiago 5:15 dice: ...*La oración eficaz del justo puede mucho.* Dios está llamando a su pueblo a ser verdaderos instrumentos de adoración, no sólo para cantar sino para entrar en su Lugar Santísimo para interceder con clamor en el Espíritu por otros.

El velar como hemos visto, es la forma que se usa para todos aquellos que han sido llamados para ser "**los verdaderos vigilantes del Señor**". Aun no se ha terminado la guerra, se han ganado batallas, pero también se han perdido. Cada vez que avanza la maldad, es terreno que la iglesia pierde y retrocede en su avance. Aunque el enemigo está vencido, la confrontación en los aires sigue fuerte, y la batalla por la fe, cada creyente la tiene que confrontar.

> Muchos son los llamados a realizar el trabajo de Dios, pero son pocos los que se comprometen, perseveran y aguantan la rudeza con resistencia. Ellos son aquellos que realmente sí hacen el trabajo.

Este es un llamado para el tiempo final, ¿por qué?...

porque la guerra se pone cada vez más fuerte. Aunque sabemos que habrá un tiempo en que la batalla sólo los ángeles la harán (en el lapso de la gran tribulación); sin embargo, hoy ellos nos ayudan a ganar las batallas. Mientras más oramos más activamos a los ángeles del Señor en la tierra. Mientras tanto que somos luz y sal tenemos que desarrollar como Iglesia lo que Dios nos ha mandado hacer hoy.

LOS CENTINELAS DEL NUEVO TESTAMENTO

- **Apóstoles y Profetas:** Los centinelas principales del primer siglo eran los Apóstoles de Cristo, pues predicaban las buenas nuevas de salvación, exponían los pecados de todos, exhortándoles a obedecer al evangelio y advirtiendo al pueblo del peligro (es decir la consecuencias) de no obedecerlo. (1 Pedro 4:17-18). Ellos también explicaban el resultado que vendría por no perseverar hasta el fin. El día de Pentecostés el Apóstol Pedro anuncia la verdad de quienes, con malas intenciones, habían crucificado a Cristo. (Hechos 2:22,-23) Y luego se lee en los versículos 37 y 38, que se compungieron de corazón, al oír eso, preguntando... *"¿qué haremos? Pedro les dijo: Arrepentíos, y bautícese cada uno de vosotros en el nombre de Jesucristo para perdón de los pecados; y recibiréis el don del Espíritu Santo".*

- - **Pastores:** Hechos 20:28-30:

"... *Sé que después de mi partida, vendrán lobos feroces entre vosotros que no perdonarán el rebaño, y que de entre vosotros mismos se levantarán algunos hablando cosas perversas para arrastrar a los discípulos tras ellos. Por tanto, estad alerta, recordando que por tres años, de noche y de día, no cesé de amonestar a cada uno con lágrimas*"; Hebreos 13:17, "*Obedeced a vuestros pastores y sujetaos a ellos; porque **ellos velan** por vuestras almas, como quienes han de dar cuenta*".

> Cada iglesia debe tener un Pastor responsable, ancianos, líderes, que velen por la salud de las almas que componen su congregación.

- **Evangelistas:** Pablo exhorta a Timoteo que no se intimidara por ser joven. Que fuera libre de la timidez. Que predicara y corrigiera lo que estaba torcido. (Tito 1:5). Los siervos del Señor del primer siglo velaban y exponían el error de los falsos maestros.

I. LOS FALSOS MAESTROS DE LA IGLESIA PRIMITIVA

- **Los judaizantes.** Pablo tuvo que exhortar a Pedro porque estaba confundido con diferentes costumbres judías. (Gálatas 2)

- **- Los gnósticos.** El sincretismo y los que profesan la magia siempre fueron enemigos del evangelio.

Pablo exhortó que ya se movía el espíritu contrario al verdadero Cristo. (1 Juan 2:18; 4:3.)

- **- Los que negaban la resurrección** o decían que ya tuvo lugar. La doctrina hay que guardarla intacta, a nadie se le ha proferido el derecho de cambiarla, anularla, distorsionarla, sacarle o añadirle. Los intercesores vigilantes deben ser conocedores de la palabra y celosos por la doctrina sagrada...*Que se desviaron de la verdad, diciendo que la resurrección ya se efectuó, y **trastornan** la fe de algunos. 2 Timoteo 2:18.*

- **- Los que practicaban la magia.** El espíritu de error trata de trastornar las mentes y causar duda para apartar a los creyentes de la fe. Así se movía antes y ahora. Los "vigilantes" intercesores y atalayas del muro perciben el espíritu de Jezabel, cuando se mueve y cuando los velos mágicos han sido ***activados*** contra los hijos de Dios.

Hechos 13:8 dice: *Pero les resistía Elimas, **el mago** (pues así se traduce su nombre) procurando apartar de la fe al procónsul.*

II. LOS QUE DIFUNDÍAN LAS FILOSOFÍAS GRIEGAS

- Ayer y hoy, la cultura griega sigue influenciando las mentes con su humanismo e intelectualismo. Estas ideologías son enemigas de la fe porque están basadas en el conocimiento humano y en el razonamiento de la mente. Pablo exhorta a su hijo Tito a no entrar en vanas contiendas y discusiones con los políticos, sabios o religiosos de su tiempo porque con eso simplemente no se llegaba a nada. Es más, las discusiones son traídas (como los Testigos de Jehová) no para salvación, sino para confusión y pérdida de tiempo.

Tito 1:14 dice: *...no atendiendo a fábulas judaicas, ni a mandamientos de hombres que se apartan de la verdad.*

III. EXPOSITORES DE LA APOSTASÍA

- La responsabilidad está en los Pastores intercesores, líderes y en todo aquel que es llamado por Dios en esta hora a servirle. Como dice Judas 3, *"contender ardientemente por la fe que de una vez para siempre fue entregada a los santos"*. Es necesario exponer el pecado y el error, siempre insistiendo en que el pueblo vuelva a Dios y a Su Palabra.

  Efesios 4:3-6, *"solícitos en guardar la unidad del Espíritu en el vínculo de la paz; un cuerpo, y un Espíritu,... una misma esperanza;...un Señor, una fe, un bautismo, un Dios y Padre"*.

> **Se debe recordar siempre que la obra es de Dios y que la iglesia es de Cristo.**

- *"Orad sin cesar". 1 Tesalonicenses 5:17*

- *Por esta causa, pues, doblo mis rodillas ante el Padre de nuestro Señor Jesucristo... que os conceda... ser fortalecidos con poder por su Espíritu en el hombre interior". Efesios 3:14-16.*

- Todo cristiano tiene que estar alerta todos los días. 1 Corintios 16:13, *"Velad, estad firmes en la fe; portaos varonilmente, y esforzaos".*
- 1 Pedro 4:7, *"Mas el fin de todas las cosas se acerca; sed, pues, sobrios, y velad en oración."*

En un sentido, pues, todos los cristianos y los llamados a interceder son "centinelas", pero sobre todo el llamado es para los Apóstoles, Profetas, Pastores, Evangelistas, Ancianos, Ministros y Líderes, a todos los que Dios ha llamado a servir.

LOS CENTINELAS DE ESTA GENERACIÓN

¿Quiénes son estos centinelas espirituales? Son aquellos que vigilan en la oración a favor del pueblo de Dios y amonestan cuando se percatan de algo indebido, tanto en lo físico como en lo espiritual. El deber del centinela es avisar, sea buena o mala la noticia.

El atalaya se convierte en trompeta de Dios; simbólicamente es como *"el Shofar"* que da aviso. Un llamado era congregacional para reunirse, otro para avanzar en el desierto y otro el de reunión para prepararse para la guerra.

...cuando las tocaren, toda la congregación se reunirá ante ti a la puerta del tabernáculo de reunión.....Y cuando tocareis alarma, entonces moverán los campamentos de los que están acampados al oriente...Números 10:3-5

Habían tres sonidos que se debería distinguir en forma específica. Los sonidos eran:

1) Para congregar los llamados al servicio.
2) Para la reunirse para la guerra (Sonido de alarma como señal militar)
3) Para seguir avanzando.

El sonido de la trompeta o aviso de Dios era su señal, su voz para todo el pueblo. Hoy, esta señal sigue tocando a través de los mensajes proféticos traídos por sus siervos al pueblo, por los profetas entendidos en los tiempos. Sin embargo, existen personas que no están apercibidas y hacen caso omiso al mensaje de Dios. Así pasaba también en la época del profeta Jeremías.

*Puse también sobre vosotros **atalayas,** que dijesen: Escuchad al sonido de la trompeta. Y dijeron ellos: No escucharemos.* Jeremías. 6:17.

> Mi corazón se agita dentro de mí; no callaré; porque sonido de trompeta has oído,...pregón de guerra. Jeremías 4:19

Dios está llamando tanto a hombres como a mujeres para este ministerio glorioso, que comienzan en la oración, luego se convierten en intercesores y muchos llegan a ser los guerreros de Dios. Esa oración es en el Espíritu de Dios y con el revestimiento de Dios mismo.

El intercesor tiene el privilegio de tocar el corazón de Dios porque lo conoce, mientras que el profeta tiene la unción especial para ver y oír la voz de Dios.

Hoy en día es muy necesario levantar intercesión y clamor alrededor de los Pastores, ministros, líderes y los santos de la grey. Pidiéndole al Señor que envíe obreros para su mies (trabajo).

> **El muro de protección, como en las ciudades antiguas, protege lo que es santo de la contaminación.**

Es importante: - Cubrirse con la **Sangre de Cristo**. - Hacer un **muro de fuego** alrededor de su vida y familia. Miremos los siguientes textos Bíblicos:

Zacarías 2:5...*Yo seré para ella, dice Jehová, **muro de fuego** en derredor, y para gloria estaré en medio de ella.*

Isaías 26:1...*En aquel día cantarán este cántico en tierra de Judá: Fuerte ciudad tenemos; salvación puso Dios por muros y antemuro.*

Lamentaciones 2:8 *Jehová determinó destruir el muro de la hija de Sion; Extendió el cordel, no retrajo su mano de la destrucción; Hizo, pues, que se lamentara **el antemuro y el muro**; fueron desolados juntamente.*

Considerad atentamente su antemuro, Mirad sus palacios; Para que lo contéis a la generación venidera. Salmo 48:13

Y todo hacerlo en **El Nombre de Jesús**.
Filipenses 2:10 *Para que en el nombre de Jesús se doble*

toda rodilla....

Jesucristo es **nuestro Escudo de la Fe**.

Salmo 33:20 *Nuestra alma espera a Jehová; Nuestra ayuda y nuestro **escudo** es él.*

Tercera Parte

Los Porteros
del Templo

5
Los Porteros
del Templo

LAS FUNCIONES DE LOS PORTEROS

El tabernáculo de reunión fue el lugar escogido de Dios para morar junto con su pueblo. Allí tanto la gloria como el Espíritu de Dios estarían presentes. El tabernáculo, o tienda movible, fue el primer templo visible que YHVH mando construir durante el tiempo que el pueblo de Israel transitaba por el desierto. Años más tarde el hijo del rey David, Salomón, construiría el primer santuario en la ciudad de Jerusalén. Tanto en el tabernáculo como en el Templo de Jerusalén, Dios estableció porteros con la función de vigilar. El ministerio de portero es muy amplio en el Antiguo Testamento, no sólo estaba relacionado con la casa de Dios y las puertas del palacio del Rey.

*Los **porteros** gritaron, y lo anunciaron dentro, en el palacio del rey.* 2 Reyes 7:11

Analicemos la importancia del portero, sus características y su servicio.

- Hombres robustos, fuertes, valerosos y esforzados para el servicio *(era necesario).* Varones responsables de guardar la casa de Dios y abrirla todas las mañanas. 1 Crónicas 9:27

- **Hombres que guardaban su posición en lugares estratégicos.** Ellos servían de día y noche de acuerdo a su turno.

> En el Antiguo Testamento, el ser portero era más que un simple oficio o servicio; era un privilegio, un ministerio, un llamado específico dentro de la línea generacional.

1 Crónicas 9:17-19...*Y los porteros: Salum... y sus hermanos. Salum era el jefe. ¹⁸ Hasta ahora entre las cuadrillas de los hijos de Leví han sido estos los porteros en la puerta del rey que está al oriente. ¹⁹... los coreítas por la casa de su padre, tuvieron a su cargo la obra del ministerio, guardando las puertas del tabernáculo, como sus padres guardaron la entrada del campamento de Jehová.*

> El ministerio de portero es una responsabilidad que requiere compromiso, perseverancia y una vida de intercesión y búsqueda de Dios.

Es importante que todo **portero** reconozca que es parte de un cuerpo, el cuerpo de Cristo, donde cada miembro tiene una función específica que ejercer. El ejército de Dios avanza, conquista y posee cuando sus miembros se mueven en unidad. De tal manera, el ministerio de porteros y vigías tiene una función como parte del cuerpo de Cristo. Las dos son posiciones estratégicas que demandan comunicación y apoyo de una con la otra.

> Jesucristo nos exhorta a interceder en unidad, como cuerpo.

Dice Mateo 18:19: *Otra vez os digo, que si dos de vosotros se pusieren de acuerdo en la tierra acerca de cualquiera cosa que pidieren, les será hecho por mi Padre que está en los cielos.*

En el Antiguo Testamento encontramos el apoyo y unidad que El Señor desea que ejerzamos en su servicio. 2 Crónicas 35:15 *"también los porteros estaban a cada puerta; y no era necesario que se apartasen de su ministerio, porque sus hermanos los levitas preparaban para ellos".*

Kimberly Daniels comparte en su libro "Devuélvelo" un sueño profético que tuvo, donde luchaba con brujas que se habían infiltrado en su ministerio. Ella relata que en el sueño, subió por una escalera y sonó una fuerte alarma mientras ella gritaba: "¡Despierten! ¡Hay brujas en la casa!" Aunque en lo natural todos vivían en diferentes casas, en el sueño al escuchar la alarma las personas de su liderazgo salían de sus cuartos para ver que estaba aconteciendo.

Es interesante ver, que como cuerpo e Iglesia de Jesucristo, todos ocupan un cuarto mientras que la casa es una sola. En otras palabras, existen diferentes llamados y funciones especificas dentro del cuerpo de Cristo pero a la hora de una alarma espiritual todos se unen para una misma función.

> Tanto el ministerio del portero como el vigía tienen una importante función en el Cuerpo de Jesucristo. Su efectividad se resume en la habilidad de conocer su llamado y ministerio y a la vez trabajar en unidad con los demás.

Efesios 4:3-4 dice: *solícitos en guardar la unidad del Espíritu en el vínculo de la paz; un cuerpo, y un Espíritu, como fuisteis también llamados en una misma esperanza de vuestra vocación.*

Perseverancia, fidelidad, lealtad, sometimiento a la autoridad establecida por Dios, obediencia y constante búsqueda en la presencia de Dios.

6
Los Guardadores
de Verdades

Puerta de Toledo (España)

EL PRIMER HOMBRE CUIDADOR DEL HUERTO

Dios crea al hombre con el propósito de que este fuera rodeado por su misma Gloria. Lo crea a su imagen y semejanza y lo ubica en un lugar en la tierra – pero casi celestial – llamado "huerto del Edén". Allí Adán disfrutaría de la presencia y comunión con el Dios creador. Es establecido como líder y lo corona para ejercer autoridad sobre lo creado en la tierra, aves del cielo y peces del mar. El Salmo 9 lo confirma.

Además, le da la oportunidad de cuidar el huerto que estaba en el jardín. El huerto lleno de hortalizas y vegetales y el jardín lleno de árboles de varios tipos.

Adán se convierte en el primer *"portero espiritual"*, Dios le da el privilegio de cuidar, guardar y labrar. El creador establece en la tierra un nuevo portero hecho a su "imagen" llamado hombre.

> ## Todo portero cuida, vela y guarda.

La palabra "labrar" en hebreo es [*abad*] que significa: **servir,** adorar, honrar, trabajar. (Génesis 2:15). Adán se le concedió entonces el privilegio de ser "**vigilante**", es decir, como aquel que guarda la adoración en la tierra.

> ## Adán tenía no solo que labrar sino "guardar".

Guardar en hebreo es #8104 [*Shamar*] que significa: observar, dar atención, *"cercar alrededor"*. Uno de los tantos significados podemos decir que es: *"tener cuidado por causa de un adversario".* Este llamado era de gran responsabilidad, "cuidar celosamente lo que Dios le daba a guardar". Ser un vigilante y buen labrador es no dejar abandonado el huerto; implica vigilar y observar. Su hijo, Caín, entró en rebelión y tuvo malos pensamientos contra su hermano Abel (porque este era justo) y en vez de cuidarlo, sintió rechazo hacia él. Él le dijo a Dios: *¿Soy yo acaso guarda de mi hermano?* La palabra "guarda" es la misma [*Shamar*] que Dios le dio a Adán. Caín no quería ser guardador. El problema estaba en su corazón; así sucede con el hombre cuando rechaza el liderazgo dado por Dios de guardar; por eso Caín le responde a Dios con una pregunta. *¿Acaso soy yo guarda de mi hermano?* Lo contrario a cuidar es: **descuidar**, abandonar, desatender.

Toda persona que muestra indiferencia hacia el prójimo, es rebelde; porque vive lo contrario de lo que Dios estableció para el hombre, y es su liderazgo de ser protector y líder. El amor está unido al trabajo de cuidar y guardar, es entrega hacia los que se les dio para ejercer. El liderazgo varonil tiene que ver con amar a Dios en primer lugar, segundo a su prójimo. Pablo, en la carta a los Efesios, habla del amor de Cristo hacia su amada esposa, la Iglesia; comparándola como el amor del esposo hacia su esposa, diciendo: *...amad a vuestras mujeres, así como Cristo amó [agapao] a la iglesia,* Efesios 5:25.

El cuidado y la entrega están dentro de este llamado divino ya que el amor de Dios, no solo protege, sino que está por encima cubriendo y guardando. Este amor da seguridad, paz y confianza.

Así se siente la Iglesia en los brazos del buen Pastor Jesucristo. Recordemos el inicio de las generaciones: de los lomos de Adán (hijo de Dios) nace Set, el cual seguiría la descendencia de los "hijos de Dios." Esta generación, sería llamada los *"guardadores de su verdad y su revelación"*. Isaías así lo entiende cuando escribe en Isaías 26:2:

... Abrid las puertas, y entrará la gente justa, guardadora

de verdades.

Los descendientes de Sem (hijo de Noé, los semitas) fueron la rama escogida de Adán, quienes serían los encargados de llevar de generación en generación la simiente pura hasta llegar a aquel que nacería concebido por el Espíritu Santo.

La bendita simiente pasaría por los lomos de Abraham, David, Zorobabel, hasta llegar a Cristo nacido de Mujer, para llegar a hacer a los que creyeran en Él, hijos de la promesa e hijos de Dios por la fe. Hoy, igual que ayer, la Iglesia como el pueblo de Israel es llamada a ser un pueblo de santos, escogidos y redimidos por la sangre de Jesús; llamada a ser: *"Reparadores de portillos, guardadores de verdades."*

> Cada escogido de Dios para este tiempo tiene la responsabilidad de guardar la verdad de Dios.

Hoy, Dios nos manda a guardar sus mandamientos para caminar en santidad en nosotros, este hecho nos hace ser: **"Guardadores de verdades."**

LA PROMESA PARA HOY

Amós 9.11...En aquel día YO levantaré el Tabernáculo caído de David...

David levantó un tabernáculo precario en Silo, cerca de su casa, pero faltaba el Arca del Pacto que traía la presencia de Dios, algo fundamental e importante para todo Israel. Por eso envió a buscar el Arca del Pacto y la trajo a Jerusalén con danzas y júbilo alabó a Dios mientras el arca entraba en Jerusalén. (1 Crónicas 15:3)

> ## La Gloria es la manifestación visible de Dios.

Donde hay dos o más personas reunidas en Su Nombre, Él ha prometido estar ahí. Lo que la congregación de los santos necesita es que Dios derrame la unción de su Espíritu Santo para que se manifieste su presencia que es la única que trae la gloria de Dios.

En su día, "Él mismo" levantará otra vez en Jerusalén su Templo (en sentido figurado "el Tabernáculo de Dios").

Mientras el Señor vuelve a levantar su templo, cada creyente de Cristo en la tierra forma parte de la Iglesia, que es su cuerpo en el cual mora su presencia.

LEVITAS PORTEROS

Dios es un Dios de patrones y modelos. Cuando Él habla con Moisés le indica que haga el Tabernáculo *según el modelo que le había enseñado en el monte".* Éxodo 25-40. En una parte de ese modelo estaba la tarea que tendrían que cumplir los que guardarían el Tabernáculo, es decir, los porteros.

Los levitas (descendientes de la tribu de Leví), fueron los llamados a guardar el Tabernáculo, Templo de Dios en el desierto. En Números 31:30 dice: *...y los darás a los levitas, que tienen la guarda del tabernáculo de Jehová.* La palabra "guardar" aquí en hebreo *significa [mishmeret] #4931* – que significa: vigila, el puesto de centinela, preservación.

Su función era proteger las puertas del Este (ya que estaba orientado hacia el Este, lugar del nacimiento del Sol) que era la puerta de entrada al campamento.

Porque desde donde el sol nace hasta donde se pone, es grande mi nombre entre las naciones; y en todo lugar se ofrece a mi nombre incienso y ofrenda limpia... Malaquías 1:11

Hoy, Dios nos llama a orar en las puertas del Tabernáculo:

La Primera: Para que muchas almas se conviertan y pasen por la única Puerta de salvación que es Jesucristo.

La Segunda: La que da acceso al lugar Santo, que es donde están las cinco columnas, representando los cinco ministerio de la Iglesia. Están llamados para orar por los Apóstoles, Profetas, Pastores, Evangelistas y Maestros.

La Tercera: donde el adorador alaba y exalta al Señor frente al altar de la alabanza e incienso, grato perfume que sube hacia su presencia.

La Iglesia representa el Tabernáculo de David, y más que nunca, está vigente este ministerio. Los porteros (levitas) también eran músicos y cantantes. Donde actúen los vigilantes y porteros de Dios habrá oración, alabanza, adoración e intercesión; cada uno formando un solo corazón bajo la unción profética del Cristo de la Gloria, nuestro gran y Sumo Sacerdote. En 1 Crónicas 9: 17 se nombran las familias que se instalaron en Jerusalén para realizar sus funciones específicamente dadas por Dios, para ser los porteros de "la puerta del Rey", o "las puertas del tabernáculo". Los descendientes de la tribu de Leví llamados levitas además de estar totalmente consagrados para trabajar únicamente para el Señor, cuidaban la puerta del oriente (Este).

Al principio en la época de Moisés había dos capitanes:

1. Finees - 1 Crónicas 9:20 (Realeza de sacerdotes)
2. Eleazar. (Hijo del Sumo sacerdote Aarón)

Después cuando fue construido el Templo, los porteros fueron seleccionados por David y el profeta Samuel, de los descendientes de los porteros del tabernáculo.

Ellos estaban ubicados por turnos y cuidaban las cuatro puertas, además de las cámaras y los tesoros de la casa de Dios; ellos vivían cerca del templo porque tenían no sólo la función de guardarlo, sino de abrir sus puertas todas las mañanas (1 Crónicas 9:27). Estos porteros eran:

1. Salum - jefe (descendiente directo de Finees)
2. Acub

3. Talmón
4. Ahimán y sus hermanos.

Zacarías, hijo de Meselemías, también fue portero. Su nombre significa *"a quien YHVH devuelve"* Eso nos afirma la recompensa que el Señor dará a sus servidores. (1 Crónicas 9:21)

> **Los Porteros del templo (los levitas) fueron escogidos sólo para el servicio de Dios.**

RESPONSABILIDADES DE LOS QUE GUARDAN

Analicemos tres de las muchas responsabilidades que debían ejercer los levitas.

1.- Ser vigilantes de las puertas de la ciudad.

La gran responsabilidad que ellos tenían, era no dejar entrar lo malo. Según la manera en que se movían las personas que venían, los atalayas sabían si tenían buenas o malas intenciones. Se debe ver el peligro antes de que este llegue. Debe haber vigilantes espirituales que oren de continuo por la visión de la iglesia; gente que ore y escuche, vea y sienta revelación de Dios por la unción de su Santo Espíritu.

2. - Guardar el tesoro.

Necesitamos porteros sobre la provisión y las finanzas de cada ciudad, nación y ministerio. El enemigo quiere que las naciones entren en temor y confíen en cosas inciertas. Pero Jesús dijo algo así como esto: *"Mi Reino no es de este mundo. Hagan tesoros en los cielos donde los ladrones no pueden entrar porque el Reino de Dios no está sujeto a la bolsa de valores".*

3.- Guardar los vasos ministeriales.

Los vasos ministeriales son el liderazgo. Necesitamos guardianes de los vasos ministeriales. Había porteros encargados de guardar la paz, otros encargados de atrapar al enemigo antes de que este atacare, otros estaban destinados a guardar la adoración y la oración. (Marcos 13.33)

> El trabajo de la Iglesia es de velar, orar, interceder, guardar y cuidar de los más pequeñitos.

EL TRABAJO DE LA IGLESIA

Marcos detalla algo importante en el capítulo 13:35....*Velad pues porque no sabéis cuando vendrá el Señor de la casa; ...* Y nombra cuatro tiempos diferentes:

- *si al anochecer,*
- *o a la medianoche,*
- *o al canto del gallo,*
- *o a la mañana.*

En este pasaje encontramos cuatro guardias para velar. Vemos la correlación entre el vigilante del muro, el portero y el que guarda el huerto. Jesús se refirió al tiempo de la noche, cuando las tinieblas atacan a la Iglesia. Cuando en la noche el malo sale y siembra la mala semilla, cuando el enemigo planifica deshacerse de una Iglesia y no hay voz de alerta, ni quien toque trompeta de profecía.

¿Cuál es el enemigo más común, que ataca a los vigías? **El sueño**. Cuando el vigía cae presa del sueño, deja de ser vigía porque está dormitando y no sabe lo que está pasando (Hechos 20:7-12). Muchos cristianos por no orar, miran, pero no están apercibidos.

Los ojos espirituales son los que deben estar abiertos. En Apocalipsis habla de "ungir los ojos con colirio".

> La Iglesia necesita los verdaderos vigías, intercesores y guardadores de verdades.

Estos cuatro tiempos que Jesús se refería para estar atentos están relacionados con: penumbra, oscuridad, tiempo sombrío, tinieblas, caída de la tarde, turbio. **Cuando se manifieste este tiempo es cuando más debemos de velar.**

Pablo predicó hasta la noche e incluso hasta la medianoche. La medianoche habla de transición, de pasar de un momento a otro.

> **Dios quiere que velemos para que hagamos la transición en nuestra vida y desatemos las bendiciones.**

Dios te está llamando a levantarte como **un guardador de verdades** para ser un guardián que vela y ora delante de Su Presencia. Tu oración moverá los ángeles y hará que venga el pleno conocimiento de Su presencia, y la gloria de Dios cubrirá la tierra.

7
Las Puertas de Jerusalén

Puerta Dorada, frente al monte de los Olivos, en Jerusalén.

LAS PUERTAS DE JERUSALÉN

La ciudad de Jerusalén aún está rodeada por una muralla milenaria. Muchas veces durante su larga historia fue destruida y reconstruida de nuevo. Aún quedan marcas en las antiguas paredes, no sólo de balas sino de la historia que quedaron en ellas grabadas por las cosas que allí acontecieron. En la actualidad, la muralla cuenta con ocho puertas, pero sólo siete están abiertas a los transeúntes, peregrinos y turistas.

1. La Puerta Dorada (que permanece sellada)
2. La Puerta de los Leones (o San Esteban)
3. La Puerta de Herodes
4. La Puerta de Damasco
5. La Puerta Nueva
6. La Puerta de Jaffa
7. La Puerta de Sión (o de David)
8. La Puerta del Basurero (o del Estiércol)

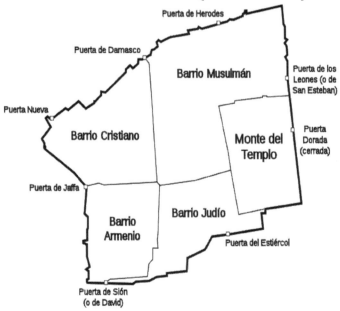

Puerta de Damasco, Jerusalén.

Puerta de Damasco: Situada en la muralla del lado norte, es la más transitada y más magnífica de las puertas de toda Jerusalén.

Puerta Nueva: Se denominó así porque relativamente es nueva. Construida en el año 1889, por el permiso del Sultán Abdul Hamid II.

Puerta de Jaffa: Es la principal entrada a la Ciudad Vieja. Esta fue construida por Solimán el Magnífico, en el año 1538. El nombre en árabe es: Puerta de Hebrón, recordando a "El Amado," y se refiere a Abraham, el amado de Dios que fue sepultado en la ciudad de Hebrón.

Puerta de Sión: Se puede localizar en el sur; esta puerta fue utilizada por las Fuerzas de Defensa de Israel en 1967 cuando entraron y capturaron la Ciudad Vieja. Las piedras que rodean la puerta están todavía marcadas por las balas de las armas usadas ese día. Esta entrada lleva al barrio judío y armenio.

Puerta del basurero o del excremento: Se ubica en el muro del lado Sur. Es la más cercana al Monte del Templo. Desde el siglo II, el desecho ha sido acarreado fuera de la ciudad por esta puerta, de ahí el nombre.

Puerta de los leones: Situada el muro oriental. En el muro alrededor de ella se encuentran cuatro figuras de leones, dos a la izquierda y dos a la derecha. La leyenda cuenta que el Sultán Solimán colocó las figuras allí porque creyó que si él no construía una pared alrededor de Jerusalén él sería matado por leones.

Puerta de Herodes. La entrada se dirige al barrio musulmán por el muro situado al norte de la ciudad.

MUROS DESTRUIDOS Y PUERTAS QUEMADAS

En la primera destrucción de la ciudad de Jerusalén por Nabucodonosor rey de Babilonia, Jerusalén fue quemada, los muros derribados y sus puertas de madera fueron totalmente calcinadas. Pasados 70 años Dios escoge a un hombre para reedificar los muros caídos y sus puertas.

Nehemías preguntó por la condición física de la ciudad y la respuesta fue deplorable:

...Y me dijeron: El remanente, los que quedaron de la cautividad, allí en la provincia, están en gran mal y afrenta, y el muro de Jerusalén derribado, y **sus puertas quemadas a fuego.** Nehemías 1:3.

Dios le concede a Nehemías regresar a Jerusalén con permisos y decretos del Rey Ciro (El Persa). Antes de edificar el templo y levantar la ciudad, debían reconstruir las puertas quemadas que daban acceso a la ciudad. Nehemías comienza la dura tarea de la reconstrucción, junto con las familias que le acompañaron, así como sacerdotes, nobles judíos y oficiales entre otros.

Detrás de este extraordinario y duro trabajo, se sumaron hombres de valor como Esdras (el escribano), Zorobabel (el gobernador) y Josué como sumo sacerdote. (Nehemías 1:3)

Nehemías 7:1. *...Luego que el muro fue edificado, y colocadas las puertas, y fueron señalados porteros y cantores y levitas.*

¿Qué significan las puertas rotas y quemadas?

Inseguridad, libertinaje y robo. Las puertas dentro de las murallas son las que protegen a los habitantes, sin ellas una ciudad esta desprotegida.

Hoy en día muchos hogares están desprotegidos porque

los hombres que debían ser "guardadores de sus hogares" abandonan a sus esposas y no se hacen responsables de sus hijos. La niñez y los pre-adolescentes crecen indefensos e inseguros, esto ha acarreado inestabilidad emocional, desintegración de la familia y caos en la sociedad.

LA ORACIÓN DE NEHEMÍAS

Y dije: Te ruego, oh Jehová, Dios de los cielos, fuerte, grande y temible, que guarda el pacto y la misericordia a los que le aman y guardan sus mandamientos; esté ahora atento tu oído y abiertos tus ojos para oír la oración de tu siervo, que hago ahora delante de ti día y noche, por los hijos de (Dios) tus siervos; y confieso los pecados de los hijos de (Dios) que hemos cometido contra ti; sí, yo y la casa de mi padre hemos pecado. En extremo nos hemos corrompido contra ti, y no hemos guardado los mandamientos, estatutos y preceptos que diste a Moisés tu siervo. Acuérdate ahora de la palabra que diste a Moisés tu siervo, diciendo: Si vosotros pecareis, yo os dispersaré por los pueblos; pero si os volviereis a mí, y guardareis mis mandamientos, y los pusiereis por obra, aunque vuestra dispersión fuere hasta el extremo de los cielos, de allí os recogeré, y os traeré al lugar que escogí para hacer habitar allí mi nombre. Ellos, pues, son tus siervos y tu pueblo, los cuales redimiste con tu gran poder, y con tu mano poderosa. Te ruego, oh Jehová, esté ahora atento tu oído a la oración de tu siervo, y a la oración de tus siervos, quienes desean reverenciar tu nombre; concede ahora buen éxito a tu siervo, y dale gracia delante de aquel varón. Nehemías 1:5-11

Hoy en día, hay muchas congregaciones en las que la intercesión de los muros ha sido abandonada y las puertas espirituales están rotas. Éste es el tiempo de restaurar las puertas para que la Gloria de Dios vuelva más aun sobre la Iglesia. Hay un llamado de Dios para los escogidos: *Les dije, pues:...* **venid, y edifiquemos.**

> ### Éste es el llamado para los intercesores: ¡Ven y edifica los muros y repara las puertas!

Hoy, los creyentes intercesores están reedificando el templo de David con sus muros y puertas espirituales caídas. Tú eres parte de esta Iglesia, ¡Levántate! Y reedifica las puertas a través de la oración.

> ### Estas son las puertas que Nehemías con los voluntarios comprometidos tuvieron que restaurar.

LAS PUERTAS RECONSTRUIDAS POR NEHEMÍAS

Salomón construyó alrededor de Jerusalén los muros.

...Salomón hizo parentesco con Faraón rey de Egipto, pues tomó la hija de Faraón, y la trajo a la ciudad de David, entre tanto que acababa de edificar su casa, y la casa de Jehová, y los muros de Jerusalén alrededor. 1 Reyes 3:1

La ciudad de Dios fue diseñada como una ciudad amurallada. Las puertas representan la entrada a las nuevas dimensiones del Espíritu.

Cuando estas puertas están bien aseguradas los planes diabólicos no pueden funcionar.

El muro exterior tenía 12 puertas, cada puerta tenía el nombre de una tribu de Israel, así será la Jerusalén celestial.

Al apóstol Juan se le muestra la nueva Jerusalén con sus 12 puertas rodeando la ciudad del gran Dios.

...Las doce puertas eran doce perlas; cada una de las puertas era una perla. Y la calle de la ciudad era de oro puro, transparente como vidrio. Apocalipsis 12:12.

El número doce nos habla de fundamento, autoridad, gobierno y reinado.

1- LA PUERTA DE LA FUENTE

El reparar esa puerta representa que se está restaurando el fluir del Espíritu Santo nuevamente sobre la iglesia. (Nehemías 2:14) Muchas Iglesias se adaptaron a la rutina, otras a la pasividad enfocada sólo en lo social, u otras a ser solamente motivadores, como lo hacen las organizaciones que apoyan la Nueva Era.

No obstante Dios mandó su Espíritu Santo en la fiesta del Pentecostés para que el Espíritu fuera delante de ellos operando milagros y maravillas. Hoy, el Espíritu Santo casi no se menciona en los púlpitos. La fuente representa el agua de vida que es la Palabra que nos refresca y los intercesores deben orar para que esa puerta sea restaurada, para que vuelvan los días de gloria y avivamiento que el Espíritu trae a la congregación de los santos.

*...Y salí de noche por la puerta del Valle hacia **la fuente**....y observé los muros de Jerusalén que estaban derribados, y sus puertas que estaban consumidas por el fuego.* Nehemías 2:13
...Salum ..., gobernador de la región de Mizpa, restauró la puerta de la Fuente; él la reedificó, la enmaderó y levantó sus puertas, sus cerraduras y sus cerrojos. Nehemías 3:15.

2- LA PUERTA DE LA BASURA

O Puerta del muladar. Esta puerta representa la liberación de los espíritus inmundos. Detrás de esta puerta estaba el basurero, lugar de lo que no sirve. Representa la opresiones de la maldiciones generacionales e iniquidad que no fueron cortadas en las personas (Nehemías 2:13).

Pocas congregaciones hoy en día liberan a las personas. Eso es peligroso porque muchos cristianos siguen

133

operando en su mala manera de vivir y ocultamente están atados a pasiones vergonzosas, ojos perversos, mentiras; engañándose ellos mismos, manteniendo un cristianismo falso. Sólo el fuego del Espíritu cuando se mueve, saca realmente lo oculto del corazón. Muchos están en la Iglesia y siguen siendo esclavos del pecado. Es necesario liberar a los cautivos y sacar los espíritus inmundos que se arrastran de generación en generación.

3- LA PUERTA DE LOS LEONES

Representa la restauración de la voz profética. Hoy, más que nunca, la intercesión tiene que estar enfocada en el hecho que Dios manifieste visiones, profecías y sueños a sus siervos y el ministerio profético verdadero con el eslogan: *"voz de Dios y no de hombres"* y que éste sea restaurado como nunca. Nuestro Dios es conocido como el LEÓN DE LA TRIBU DE JUDÁ. Jesucristo es ese león que reina y ruge para las naciones. Jeremías 25:30 dice que a veces su rugido es para establecer el juicio contra los impíos. YHVH ruge como trompeta para reunir a su campamento, otras veces para dar esperanza a su pueblo. (Oseas 11:10)

Dios rugirá desde su Santo Monte pero será esperanza para su pueblo. Joel 3:16

Amós 3:4 *¿Rugirá el león en la selva sin haber presa?...¿Se tocará la trompeta en la ciudad, y no se alborotará el pueblo? ¿Habrá algún mal en la ciudad, el cual Jehová no haya hecho?...**Porque no hará nada Jehová el Señor, sin que revele su secreto a sus siervos los profetas.** Si el* *león ruge, ¿quién no temerá? Si habla Jehová el Señor, ¿quién no profetizará?*

> **Éste es el tiempo no sólo de profetizar, sino también de establecer su voz a las naciones.**

4- LA PUERTA DE LAS OVEJAS

Esta puerta representa a Cristo la puerta al redil de las ovejas. (Juan 10:7) Jesús es el acceso al refugio, lugar donde las almas son protegidas y guardadas por su amor. Esa puerta es la entrada al Reino, es la entrada a ser parte del cuidado del Buen Pastor. No es casualidad que el Sumo sacerdote Eliasib, representando la máxima autoridad del lugar sagrado (Templo), fuera el que reparó esa puerta tan significativa.

"...Entonces se levantó el sumo sacerdote Eliasib con sus hermanos los sacerdotes, y edificaron la puerta de las Ovejas. Ellos arreglaron y levantaron sus puertas hasta la torre de Hame..." Nehemías 3:1 La frase: *"arreglaron y levantaron sus puertas"* representa el cuidado del buen pastor y cómo levanta a cada uno que se acerca a Él. Jesucristo anunció: *"Yo soy la puerta de las ovejas".*

No hay otro camino al Padre, Él es la entrada al camino que lleva las almas a la verdadera comunión con el Dios Poderoso. El Señor quiere enviar su avivamiento que trae salvación y convicción. La Iglesia debe orar más que nunca para que se manifieste la unción ganadora de almas. Jesucristo sigue siendo el buen pastor que dio su vida por las ovejas.

5- LA PUERTA DEL PESCADO

Esta puerta representa la oportunidad del llamado que Dios da a cada ser portador de su salvación. Es la vía a seguirlo para pescar a las almas. El evangelismo es la forma que Dios diseñó para que la Iglesia se extendiera. Dios quiere en esta hora levantar los cinco ministerios. Dentro de ellos está el evangelista. El llamado es claro: seguir a Cristo y hacer discípulos.

El enemigo no quiere que se levanten misioneros evangelistas, ni que se llevan a cabo actividades masivas porque sabe que esto trae un gran despertar espiritual, ya que las almas vuelven a los pies de Cristo. Dios quiere restaurar esta puerta para que miles puedan entrar por la puerta de la Salvación. Nehemías 3:3

6- LA PUERTA VIEJA

Esta puerta nos recuerda lo que Él dijo: *Yo soy el mismo hoy, ayer y por los siglos.* Sus verdades son eternas y no pierden vigencia. Es la puerta que pasamos al reconocer que Él es la verdad que nunca cambia. Él y su palabra se integran para recordarnos que es fiel, y lo que dijo ayer está tan vivo como el día de hoy.

*Así dijo Jehová: Paraos en los caminos, y mirad, y preguntad por las **sendas antiguas**, cuál sea el buen camino, y andad por él, y hallaréis descanso para vuestra alma. Mas dijeron: No andaremos. Jeremías 6:16.*

Reedificarán las ruinas antiguas, y levantarán los asolamientos primeros, y restaurarán las ciudades arruinadas, los escombros de muchas generaciones. Isaías 61:4

7- PUERTA ORIENTAL O PUERTA DEL ESTE

Esta puerta es la Puerta Dorada que esta clausurada. Representa la gloria que viene.

Me llevó luego a la puerta, a la puerta que mira hacia el oriente; y he aquí la gloria del Dios de Israel, que venía del oriente; y su sonido era como el sonido de muchas aguas, y la tierra resplandecía a causa de su Gloria. Ezequiel 43:1-2

Me hizo volver hacia la puerta exterior del santuario, la cual mira hacia el oriente; y estaba cerrada. Ezequiel. 44:2.

Esta promesa nos da esperanza de que vuelva la presencia de Dios nuevamente, que no todo está perdido, Él lo ha prometido y lo hará. Esta gloria llenará el nuevo templo, aquel que se edificará durante el tiempo del reinado de Cristo en la tierra. Ese templo será lleno de su presencia nuevamente. Así como se levanta el sol por el este así se levantará y llegará su gloria.

...Porque la tierra será llena del conocimiento de la gloria del Senor, como las aguas cubren el mar. Habacuc 2:14.

8- LA PUERTA DE LAS AGUAS

Representa la enseñanza de la Palabra. Hoy, necesitamos volver a la palabra, el conocimiento será multiplicado siete veces más. Esta es la puerta a la Palabra; El Señor nos purificó a través de las aguas de la purificación. Hoy, más que nunca tenemos que Santificarnos.

Quien se dio a sí mismo por nosotros para redimirnos de toda iniquidad y **purificar** *para sí un pueblo propio. Tito 2:14*

9- LA PUERTA DEL VALLE

Nehemías 3:13. Es la puerta de la prueba que nos acerca más a Cristo. Es la senda que se transita tomado de su mano. Él es el camino que lleva a la presencia, al Arca del trono de Dios.

Por lo cual también Jesús, para santificar al pueblo mediante su propia sangre, **padeció** *fuera de la puerta.* Hebreos 13:12.

Pues para esto fuisteis llamados; porque también Cristo padeció por nosotros, dejándonos ejemplo, para que sigáis sus pisadas. 1 Pedro 2:21

10- LA PUERTA DE LOS CABALLOS

Esta es la puerta de la guerra espiritual. La Iglesia no ha estado por tiempo ni en defensiva ni en ataque. Pasiva y dormitando, es el tiempo de tomar el terreno que Dios nos ha prometido como hijos de Dios. Y alcanzar todas las promesas de su parte. Porque no tenemos lucha contra sangre y carne. Nehemías 3:28

...Abre ante mí las puertas para que pueda entrar y recibir los tesoros escondidos. Ver Isaías 45:1-3.

Hoy cada Iglesia local puede tener una de estas puertas mencionadas, derribadas bajo escombro. Es el tiempo de levantar y restaurar todas las puertas al acceso de los varios ministerios locales.

8
Las Puertas
Espirituales I

LAS PUERTAS DEL MUNDO ESPIRITUAL

Serás aceptado si haces lo correcto, pero si te niegas a hacer lo correcto, entonces, ¡ten cuidado! El pecado está a la puerta, al acecho y ansioso por controlarte; pero tú debes dominarlo y ser su amo. Génesis 4:7

> **Así como en la mundo físico existen puertas también lo es en el mundo espiritual.**

La Biblia no menciona la palabra "dimensiones", como por ejemplo, tercera o cuarta dimensión, pero si se encuentran referencias acerca de las puertas espirituales. Estas puertas hacen la misma función que las puertas físicas en la tierra: inician nuevos caminos, grandes proyectos, y entre ellas se comunican convirtiéndose en puntos de contactos que unen líneas o caminos. Estas puertas también se abren para entrar a nuevos niveles.

Desde la perspectiva humana sucede algo similar. Cuando dos mentes y corazones se unen para realizar algo, las almas de estos individuos se conectan con cuerdas espirituales. Tenemos varios ejemplos bíblicos de puertas espirituales que se abren y las influencias que estas ejercen:

PUERTAS ABIERTAS POR BUENAS O MALAS ASOCIACIONES

En el mundo de los negocios se les conoce como "Sociedades Anónimas" y es cuando un grupo de personas se unen para alcanzar metas en común que los benefician a todos. Estas dos mentes se conectan con un mismo objetivo, se generan resultados más eficaces, y este principio funciona para todo, ya sea para bien o para mal.

> Las personas se unen a través de estas conexiones con lazos invisibles y cuerdas espirituales, quedando ligados tanto en la mente como en el corazón.

Datán y Abiram fueron los del consejo de la congregación, que se rebelaron contra Moisés y Aarón con el grupo de Coré, cuando se rebelaron contra Jehová; Números 26:9.

Datán y Abiram se unieron en una sola mente con el rebelde Coré y formaron una triple asociación. Como eran cabezas de familia todos sus parientes quedaron envueltos en esta rebelión. Los tres se ligaron con lazos de rebeldía contra la autoridad delegada, que en ese momento era Moisés, entrando así por la puerta de la anarquía.

Su final no fue muy alentador; las malas asociaciones siempre traen consecuencias trágicas. Lo lamentable de este caso fue que por el lazo familiar todos fueron castigados.

> Toda puerta que se abre al pecado da inicio a un camino de error. Para salirse de ese sendero pecaminoso hay que entrar por la puerta del arrepentimiento.

Para entender como funcionan estas malas asociaciones en las personas podríamos decir que son como lazos sentimentales que ligan a los individuos haciendo que estos abran puertas al pecado influenciados por espíritus demoníacos. Aparte de las puertas abiertas a las "malas asociaciones" tenemos otras como:

- Las Puertas de las cárceles:
Estas son las que se abren para atrapar y encerrar el alma en un lugar de cautividad. El alma se compone, entre otras partes, de sentimientos, voluntad, deseos, pensamientos, emociones, el Yo (que es la personalidad con su área consciente e inconsciente) y la conciencia que se conecta al espíritu humano, que es donde Dios habla al hombre.

La cárcel es un lugar de cautividad en donde el alma es afectada por la falta de perdón, el rencor, el odio, el rechazo, los malos pensamientos, los sueños eróticos, la lujuria, las mentiras y el ocultismo. El profeta Isaías escribió acerca del ministerio del Mesías, el cual abriría las puertas de las cárceles para hacer libres a los cautivos (Isaías 61).

- Las Puertas del vientre (Job 3:10):
Éstas puertas se abren a través de espíritus

generacionales que entran en el vientre por el pecado familiar. Un ejemplo de estas puertas son hijos concebidos fuera del matrimonio e intentos de aborto o rechazo a la criatura que se está gestando. Estas maldiciones ancestrales pasan a través de la sangre y de los genes humanos, formando ramas de árboles con raíces profundas de amargura dentro del alma de la persona. Muchas veces se derivan en enfermedades y opresiones físicas y mentales. La perversión pasa hasta la tercera y cuarta generación; eso significa que una puerta de pecado que abrió un tatarabuelo podría afectar hasta la cuarta generación de su descendencia. Por eso, es importante cortar con la espada de la Palabra esa maldición, reclamando que la sangre de Jesús limpia todo pecado, y libera el alma de la maldición abierta por los antepasados.

- Las Puertas del mar:
El mar espiritual es el lugar donde se mueven los espíritus marinos como el del orgullo, la soberbia y la vanidad conocido en la Biblia como Leviatán, monstruo del mar o el cocodrilo del Nilo. El Faraón de Egipto lo adoraba; tirando niños al río Nilo como sacrificio. También Rahab fue considerado como el antiguo hipopótamo, cuyo hábitat estaba también en este río, el cual se comía la cosecha, trayendo a sus habitantes un espíritu de miseria y pobreza (Isías 51:9 – Salmos 89:10). La palabra Rahab en Hebreo es Strong #7293 [*Raháb*] significa: importunar, fanfarronear, nombre simbólico de Egipto, monstruo místico emblemático.

Las Puertas de la muerte física:

Esta puerta espiritual es la que se abre cuando la persona atraviesa el umbral del desprendimiento natural para pasar a la eternidad. Es el dejar el cuerpo humano para tomar el celestial.

¿Te han sido descubiertas las puertas de la muerte, y has visto las puertas de la sombra de muerte? Job 38.17

- Las Puertas de la muerte espiritual:

Todo aquel que no ha nacido de nuevo ni que su alma ha sido redimida vive bajo la prisión del pecado y ha abierto la puerta a una muerte espiritual. Muchas personas que han sido víctimas de violaciones, abusos, violencia familiar, o que en algún momento han sido obligadas a hacer algo en contra de su voluntad han abierto las puertas para que un espíritu atormentador de muerte los golpee constantemente, trayendo pensamientos de acusación, culpabilidad y condena a su mente. Muchos recurren al suicidio para liberarse de este tormento acusador. Asimismo, a través de las mentiras, se abren puertas para que las personas mueran espiritualmente.

"Y Pedro le dijo: ¿Por qué convinisteis en tentar al Espíritu del Señor? He aquí a la puerta los pies de los que han sepultado a tu marido, y te sacarán a ti". Hechos 5:9

- Las Puertas del Hades:

En el Antiguo Testamento, el Hades era el lugar donde los muertos físicamente entraban a reposar hasta que el alma fuera redimida en el día de la resurrección. También desde el Hades los demonios tiran cuerdas que ligan a las almas para atormentarlas. Generalmente, estas personas han sido víctimas de ataques directos de brujos o de trabajos de hechicería.

- Las Puertas del Seol:

Isaías 38:10 dice: ...*Yo dije: A la mitad de mis días iré a las puertas del Seol; privado soy del resto de mis años.* Seol es comparado como la "tierra de los muertos" según la exclamación de Jonás, (Jonás 2:2)

> Hay puertas espirituales que abren caminos como canales en el cual circulan los demonios.

LAS CONEXIONES EN EL MUNDO ESPIRITUAL

Hay túneles espirituales que se conectan desde el Hades hasta los lugares celestes con los "hombres fuertes". Algunos de estos canales han sido abiertos en la tierra por hombres que la maldicen y abren así brechas a través de pactos y derramamiento de sangre. Los espíritus malignos necesitan de estos agentes de oscuridad en la tierra para esclavizar a los seres humanos. Los brujos o satanistas buscan lugares específicos para maldecirlos y lograr así su cometido espiritual. Pueden elegir una montaña, el suelo de un lugar, o un círculo geográfico para realizar invocaciones, conjuros, hechizos, votos secretos o pactos en donde habrá derramamiento de sangre y ofrendas levantadas a los ídolos y demonios de alto rango con el fin de obtener su objetivo. Estos actos de violación a la creación de Dios son puertas de maldiciones que entrelazan a otros demonios mas superiores que operan en los aires, mientras que otros pactos fortalecen a los demonios que se mueven debajo de la tierra.

> **Satanás toma derecho legal por causa de la abominación que se hizo en un lugar específico.**

Los antiguos paganos usaban cuevas para realizar sus ritos e invocaciones satánicas. Estas grutas o cavernas podían ser marinas o estar ubicadas dentro de montañas. En Centro América, por ejemplo, se forman unos agujeros inmensos llamados "celotes"; en esos lugares las antiguas civilizaciones Mayas sacrificaban a seres humanos para satisfacer a sus dioses, invocando a los espíritus para recibir protección y poder para su imperio y civilización. Esto trajo como consecuencia que la tierra cayera en maldición. Cada vez hay más adeptos que realizan pactos con las tinieblas; unos lo hacen para recibir "protección" mientras que otros buscan poder y dinero. Estas acciones abren puertas para que sus almas queden atadas en cárceles de oscuridad.

LOS ABISMOS FÍSICOS Y ESPIRITUALES

Los abismos físicos se relacionan con los mares profundos que se conectan con las cuevas submarinas a través de las grandes corrientes de agua que circulan en las partes mas hondas de la tierra. También podemos ver, en los abismos de los mares, que las grandes cuevas se conectan con los lugares mas profundos.

El junta como montón las aguas del mar; El pone en depósitos los abismos. Salmo 33:7

Pero también se refiere a los abismos espirituales como en el Salmo 69:2 cuando dice:

...hundido en cieno profundo, donde no puedo hacer pie; He venido a abismos de aguas, y la corriente me ha anegado.

Estos túneles son espirituales y se forman cuando el alma cae en profundidades de desesperación, depresión o condenación.

El alma cae prisionera dentro de cárceles y no puede salir por sí misma. La Biblia se refiere a los abismos de la tierra y las profundidades donde está el fuego:

"...Caerán sobre ellos brasas; Serán echados en el fuego, En abismos profundos de donde no salgan". Salmo 140:10.

> Si bien muchos creen que el infierno está en el centro de la tierra, no debemos de olvidar que el infierno existe en el mundo espiritual y no en el físico.

De la misma forma que el Seol tiene puertas así también

el abismo es como un gran pozo sin fin. En el Salmo 69:15 lo dice:

"...*No me anegue la corriente de las aguas, ni me trague el abismo, ni el pozo cierre sobre mí su boca.*"

El salmista consideraba el abismo como un lugar espiritual en el cual el alma podía quedar atrapada, pero sabía que si clamaba a Dios, su petición llegaría a ser oída.

"*Entonces Jonás oró al SEÑOR su Dios desde el interior del pez y dijo: En mi gran aflicción clamé al SEÑOR y él me respondió. Desde la tierra de los muertos te llamé ¡y tú, SEÑOR, me escuchaste*". NTV Jonás 2:1.

Jonás, en el vientre del gran pez, clamó porque sintió que su alma había caído y estaba atrapada en el pozo de la muerte. Debemos entender que Jonás abrió la **puerta del enojo;** esa puerta es bien peligrosa. Cuando la persona persiste en su testarudez o cuando se cree tener razones personales para permanecer en ésta postura, la persona cae esclava del enojo.

..*Me quedé preso en la tierra, cuyas puertas se cierran para siempre. Pero tú, oh SEÑOR mi Dios, ¡me arrebataste de las garras de la muerte! Cuando la vida se me escapaba, recordé al SEÑOR. (Jonás 2: 6-7).*

La versión Biblia de la Américas dice en ese mismo pasaje:

"Descendí hasta las raíces de los montes, la tierra con sus cerrojos me ponía cerco para siempre; pero tú sacaste de la fosa mi vida, oh SEÑOR, Dios mío".

LAS PUERTAS DEL HADES

La Iglesia sabe que **las Puertas del Hades** (lugar donde está el acceso directo para que salgan los demonios de maldad hacia la tierra) no pueden prevalecer sobre ella.

Jesús Dijo... *"sobre esta roca edificaré mi iglesia; y las puertas del Hades no prevalecerán contra ella".* Mateo 16:18.

Con todo y eso, es importante tener en cuenta que esto aplica a los creyentes que viven en santidad y caminan en el temor reverencial de Dios y no a aquellos que todavía están atados a ligaduras impías del alma, con puertas abiertas al pecado que los mantienen en esclavitud de servidumbre. La Biblia dice que el príncipe de los demonios que opera en el Hades se llama Belzebú. Éste es un dios antagónico adorado por los paganos, considerado como *"el señor de las puertas abiertas".* Como príncipe de los demonios, Belzebú tiene espíritus asignados bajo su cargo que rondan la tierra para ver a quien pueden aprisionar.

Si la persona abre puertas a la tentación, Belzebú tendrá derecho legal de aprisionar esa alma y llevarla a una cautividad legal. Cada mazmorra o cárcel tiene un demonio guardián que custodia sus puertas. La función de ellos es cuidar que el prisionero no salga de esa cárcel.

El Salmo 107:14 dice: *...Los sacó de las tinieblas y de la sombra de muerte, y rompió sus prisiones.*

Hay cuevas donde el alma cae cuando es abatida por una tristeza profunda o por cargas inútiles con pensamientos contrarios a la verdad de Cristo. Si fuera por los guardianes o los verdugos espirituales, el alma permanecería siempre en el mismo estado.

Isaías 14:17 "*...que puso el mundo como un desierto, que asoló sus ciudades, que a sus presos nunca abrió la cárcel*".

La iglesia tiene el poder legal dado por Jesucristo para atar y echar fuera los guardianes y rescatar a las almas que han caído en prisiones. La Palabra de Dios declara lo siguiente:

"*Y el que vivo, y estuve muerto, mas he aquí que vivo por los siglos de los siglos, amen. Y tengo las llaves de la muerte y del Hades*". Apocalipsis 1:18

Sí, Jesucristo es el único que abre las puertas de las cárceles y los saca a la luz.

> Nuestra meta como iglesia es abrir las puertas y soltar las almas que el enemigo ha confiscado y ha hecho prisioneras.

LA CONEXIÓN CON EL PORTÓN DE ORIÓN

Los adeptos a la Nueva Era, los hinduistas, los budistas, los chamanes, los gnósticos, los practicantes del yoga, la meditación trascendental y los psíquicos, entre otros, alentaron a los seguidores del esoterismo a conectarse con las vibraciones del "OM" por tres días consecutivos en la fecha que iba del 8/8/08 al 8/11/08. (Con el significado de que ocho son las estrellas principales de la gran constelación y tres del cinturón de Orión). Según ellos, en esa fecha se abrirían los portones espirituales y bajaría una energía que descendería por la columna vertebral para unir los chakras en los cuerpos de las personas, para así entrar en una *"nueva conciencia"*.

Ellos predecían que sería instalada "la nueva era de luz y meditación, que ayudaría a salvar al planeta tierra de la destrucción que el mismo hombre estaba provocando" (todos ellos son defensores de la llamada "madre tierra" o Gaia). Ahora existe otra versión para el 12/21/12 en la cual predicen que se entrará en la era del Acuario. Los adeptos a la Nueva Era reconocen a "Venus" como la estrella de ocho puntas; dándole auge a la similitud con la antigua diosa INNANA-ISTHAR, dios femenino y masculino a la vez (afrodita). Ésta deidad, para el Hinduismo, se llama: Shiva - Shakti y para el antiguo Egipto: Isis-Osiris. Para la civilización sumeria, Isthar era la diosa de la Guerra y del amor (también adoración a a la Luna).

Hoy podemos decir que tanto la Luna como Venus

representaban a Lilith, diosa de la oscuridad y del Hades. En las primeras civilizaciones como la Sumeria existen escritos que hablan de *"los chicos alegres que cambiaron su masculinidad por feminidad"*. En esto se puede ver la dualidad de este principado, hombre – mujer, ó mitad mujer y mitad serpiente. No es de extrañar que en los días de Noé, Jehová se arrepintiera de haber creado al hombre. ¿Cómo es posible, que en pleno siglo XXI vuelva a repetirse la misma historia? ¿Cómo puede ser que ésta "civilización moderna" camine por los pasos de las antiguas civilizaciones, invocando nuevamente a las mismas deidades? Sabemos que en ese tiempo la perversión se proliferó rápidamente entre las naciones con el resurgimiento de hombres fieros de guerra y conquista. Y hoy ¿Qué diremos? ¿Acaso la perversión y la maldad no se han multiplicado otra vez sobre la tierra? ¿No existen acaso manuscritos antiguos que evidencian que las civilizaciones Sumerio-Mesopotámica recibieron instrucciones de seres venidos de las estrellas que les enseñaron a construir las ciudades y los grandes zigurats?

Tampoco podemos ignorar los manuscritos Mayas encontrados en América latina, donde aparecen historias de seres blancos, que descendían del cielo con naves para darles instrucciones de cómo edificar las grandes pirámides. Esas deidades se hacían presentes mientras ellos adoraban y hacían sacrificios humanos a su dios Quetzalcoatl, la serpiente emplumada. En la Biblia esta serpiente es nombrada como la serpiente voladora; eso nos da a entender que la serpiente emplumada es mitológica y representa una de las formas que puede tomar simbólicamente, la antigua serpiente o el gran dragón, nombrado en el libro de Apocalipsis. No es dudable que estos ángeles caídos antagónicos quieran hoy de nuevo manifestarse en la tierra. El hombre por causa de la maldad y por tantas puertas abiertas al pecado, le está dando acceso a que esto ocurra.

> La Iglesia debe orar para que toda batalla efectuada en los aires sea ganada por los ángeles de Dios, y que estos desciendan ayudar a la Iglesia en esta hora final.

LAS LLAVES DE LA AUTORIDAD ESPIRITUAL

Cuando estudiamos acerca de las puertas espirituales, podemos ver que hay una estrecha unidad entre una puerta y su cerrojo; ninguna puerta puede estar bien cerrada si no hay un buen cerrojo con llave y, si una puerta se abre, es porque hay una llave para abrirla.

"....Abridme las puertas de la justicia; Entraré por ellas, alabaré a JAH. Esta es puerta de Jehová; Por ella entrarán los justos". Salmo 118: 19-20.

> Las llaves espirituales fueron dadas a la iglesia como señal de autoridad.

El primer hombre natural que recibió la autoridad de la llave del Reino fue el Apóstol Pedro cuando predicó en Jerusalén y tres mil personas se convirtieron a Cristo.

Jesús, antes de ir a la cruz, le dijo:

"*...Y a ti te daré las llaves del reino de los cielos; y todo lo que atares en la tierra será atado en los cielos; y todo lo que desatares en la tierra será desatado en los cielos*" (Mateo 16:19.) Esto se cumplió en el día de Pentecostés.

Las llaves representan la autoridad que cada creyente tiene en el mundo espiritual para abrir y cerrar puertas.

> ### Jesucristo le dio a la Iglesia la autoridad para atar al hombre fuerte.

Toda liberación es un acto de fe llevado a cabo en el Nombre de Jesús. Hay personas que tienen en su línea sanguínea descendencia de esclavitud tanto indígena como africana (en la liberación es importante nombrar esta área). Por esta razón, muchos viven en opresiones de cadenas y cárceles espirituales generacionales.

En el Nombre de Jesús, primero, tenemos que atar al espíritu guardián que tiene prisionera al alma y luego cortar la alianza que tiene éste con el hombre fuerte. También se debe atar al espíritu atormentador o al verdugo, que es el que tiene un derecho legal para atormentar a esa vida; y luego con la llave de la autoridad de Cristo y en su Nombre, sacar el alma de la prisión y hacerla totalmente libre.

"El que practica el pecado es del Diablo; ...Para esto apareció el Hijo de Dios, para deshacer las obras del diablo". 1 Juan 3:8.

JESUCRISTO VINO A LIBERTAR A LOS CAUTIVOS

> Cada intercesor y portero tiene la llave de la autoridad delegada por Cristo para abrir y cerrar, atar y desatar.

Ningún intercesor puede presentarse delante de Dios sin antes haberse cubierto con la sangre de Jesús. Por otra parte, es importante tener todas las puertas cerradas al pecado y a la desobediencia. El cristiano no puede tener puertas abiertas; si las abre es la oportunidad perfecta para que el adversario lo ataque. Por esta causa, cada creyente debe cuidar y proteger el testimonio viviendo en santidad. La fe es la puerta de acceso que nos lleva a realizar el propósito divino en nosotros, nuestro llamado y su realización en Cristo.

> Siempre debes mantener tus puertas cerradas al pecado, para que el enemigo no tome ventaja sobre tu vida.

9
Las Puertas Espirituales II

LAS PUERTAS ABIERTAS EN EL TIEMPO PRECISO

Para entender un poco más acerca de las puertas espirituales necesitamos entender el significado de la palabra "puerta". Esta palabra tiene varios significados, el más usual es: **un punto de referencia para pasar a una nueva dimensión.** Otra definición es: **el paso para ir a algo nuevo o desconocido.** En otro sentido, podemos definir que al traspasar una puerta se entra "a un cambio para algo nuevo o mejor".

Veamos un ejemplo práctico en la vida de Jesús: Él les dijo a sus discípulos en una ocasión: *"pasemos al otro lado".* Eso fue dicho en un momento en el cual las circunstancias eran adversas. La tormenta se aproximaba y la noche estaba muy oscura; estas condiciones físicas eran obstáculos en el camino para que los discípulos no pudieran llegar a la meta que el Señor tenía en mente. Además, esta situación serviría para poner a prueba la fe de ellos que sería el puente para pasar al otro lado.

El objetivo final de esta lección espiritual era la siguiente: escuchar la voz de Cristo y creer que en medio de las dificultades Dios nunca nos abandona. En esta oportunidad Jesús se quedó en la costa para que ellos no dependieran físicamente de Él, sino que a través de la fe creyeran incondicionalmente lo que Él les decía. Cuando creemos en Dios por encima de todas las cosas cruzaremos las tormentas más difíciles para llegar a la meta que Él nos ha prometido. La tormenta nos prueba la fe y esta en sí es la que nos hace pasar a nuevos niveles espirituales para el bien de la vida cristiana.

Que es una puerta de bendición?

Son puertas que Dios abre para nosotros. Algunos ejemplos podrían ser:

- Nuevas Oportunidades Laborales: Aperturas a diferentes opciones de empleo o empresa-riales para cumplir con una meta trazada.
- Nuevas Oportunidades Ministeriales: Dios nos promueve a un nivel más alto en el ministerio donde ejerceremos nuevas funciones que tendrán mayor responsabilidad pero que ya estaremos capacitados para afrontar.

Unas de las decisiones más importantes que una persona puede tomar es recibir a Cristo en su corazón. Este hasta puede ser el paso más importante de sus vidas.

> La fe es el arma poderosa que Dios te da para alcanzar las promesas divinas.

Esta puerta es la que te llevará a los cambios que necesitas para recibir las promesas que Dios tiene para ti. La fe es una de las armas más poderosas que Dios te dio para alcanzar las promesas que tanto has anhelado. Dios tiene un tiempo específico en el cual abre este tipo de puertas. Por eso, en ese tiempo, es cuando más debes buscar a Dios de todo corazón para no distraerte del propósito que Él tiene para ti para que puedas pasar a otros niveles espirituales.

Por lo tanto debes de:

- Activar por la fe las promesas divinas dadas a tu vida.
- Creerle a los [*rhemas*] de Dios y actuar por la fe en ellos.
- Resistir las tempestades que vienen en contra de ti ya que estas son obstáculos para que no puedas alcanzar la meta que Dios tiene para tu vida.
- Creerle a Dios sin ninguna duda o temor.
- Enfocarte en la meta y no en las pruebas, porque ellas sólo te promocionan para el éxito en Dios. La fe es el puente para pasar al otro lado y lograr lo imposible.

La puerta de bendición se puede comparar al momento de un parto: cuando llega el tiempo de dar a luz, no se puede detener el bebé que viene en camino ya que está a punto de nacer. **Mientras estés avanzando no te detengas, porque si lo haces se puede morir el proyecto que Dios te ha dado.** Estar atento a los tiempos en que éstas puertas de oportunidad se abren para tu vida tiene que ver con "velar y vigilar" en el

Espíritu; no sólo para que sepas cuándo viene el enemigo a usurpar lo que Dios te ha dado, sino para que entiendas cuando el Señor viene para sacarte de un lugar y llevarte a otro mucho mejor. Indiscutiblemente, éstas oportunidades serán para que crezcas espiritualmente y pases a otro nivel. Hay que tener en cuenta que, aunque para Dios nada es imposible, la decisión personal es la que determina el momento de cruzar una puerta de bendición o quedarse detenido frente al umbral.

Cuidado con cruzar una puerta equivocada.

En el libro de Génesis encontramos la historia de Caín y como Dios trató con su vida. Él le dijo: *"si te niegas a hacer lo correcto, entonces, ¡ten cuidado! El pecado está a la puerta, al acecho y ansioso por controlarte; pero tú debes dominarlo y ser su amo"*. NTV Génesis 4:7

Hay una puerta espiritual que, si la persona abre a través del pecado, queda dominado y esclavo al mismo.

Esta decisión de abrir una puerta espiritual equivocada, esta en la voluntad del hombre y solo él decide si la abre o no.

Lamentablemente, cuando se toman decisiones apresuradas sin tomar en cuenta la voluntad de Dios, las consecuencias pueden ser desastrosas. Asociarse con personas incorrectas puede traer como resultado perder negocios importantes o caer en fracasos financieros. Consultar a psíquicos en vez de buscar el consejo de Dios abre la puerta a la curiosidad que conduce al mundo de las tinieblas. Cuando se le paga a alguien para que invoque el poder de los espíritus de los muertos y adivine el futuro se traspasa una puerta prohibida por Dios.

Otros por su parte, en la inmadurez de la juventud, han probado todo tipo de drogas y se han deslizado por una puerta que los ha llevado a un túnel sin salida. También están los que se dejaron llevar por la tentación del deseo sexual y experimentaron cosas que Dios les había prohibido, quedando atrapados en ligaduras sexuales difíciles de romper. La puerta al pecado es la que se abre por el espíritu de tentación, el cual siempre está asechando al ser humano para que pruebe "cosas nuevas". Cada vez que alguien se deja seducir por este espíritu traspasa la puerta de Sodoma, quedando aferrado dentro de ella.

Observemos este detalle que se encuentra en Génesis 19:1 *"...Llegaron, pues, los dos ángeles a Sodoma a la caída de la tarde; y Lot estaba sentado a la puerta de Sodoma. Y viéndolos Lot, se levantó a recibirlos, y se inclinó hacia el suelo".*

Lot estaba sentado afuera de la puerta de Sodoma sin participar de las costumbres que se tenían en el interior de la ciudad. Los ángeles llegaron a tiempo para rescatarlo. Si tú sientes que has entrado por la puerta de Sodoma clama a Dios para que envíe sus ángeles y te ayuden a salir de allí. ¡Él es poderoso para hacerlo!

USANDO LA FE PARA ABRIR PUERTAS

Cada **puerta de bendición** que el Señor te abre es una nueva oportunidad; un paso de fe para experimentar el cumplimiento de las promesas dadas por Dios para tu vida. Él es el único que puede abrirte una puerta de oportunidad.

La palabra oportunidad significa: **momento propicio para hacer algo.** Según el diccionario Bay Farlex es descrita como *"una circunstancia favorable o que se da en un momento adecuado u oportuno para hacer algo"*.

Cada Cristiano debe aprovechar "este momento adecuado" que Dios permite en un tiempo único. Si la persona no está preparada mentalmente para afrontar los cambios, o su personalidad no le permite adaptarse rápidamente a las circunstancias; puede que pierda la oportunidad para pasar por esta puerta que es única y se da sólo en momentos específicos dados por Dios.

> **Si Dios te brinda una oportunidad no permitas que tu negatividad o duda detengan el fluir de Dios en tu vida.**

El Apóstol Pablo compara la fe como un gran escudo de protección que el soldado romano usaba como parte de su armadura. Este escudo tenía que ser llevado dentro del armamento que se empleaba para ir a la batalla. En el ejército romano, el escudo tenía unas medidas proporcionalmente grandes. Las palabras puerta y escudo en el idioma griego tienen un significado muy parecido. Puerta o portal en griego es [*thura*] #2374 y significa: *"entrada, acceso; oportunidad"*. En lo espiritual eso significa: "Puerta del Reino de los cielos" y es la raíz de la palabra [*therios*] #2375 que significa: *"Escudo grande"*.

> La FE es como un gran escudo que abre paso a lo imposible para el hombre pero posible para Dios

LA PUERTA DE LA OPORTUNIDAD DIVINA PARA LA SALVACIÓN

Esta puerta es abierta por la misericordia de Dios una vez en la vida del ser humano, y durante un momento específico de su existencia. Por esta **puerta se entra a la Salvación** y le permite al hombre acercarse más a Dios y abandonar su mal camino. Esta es la puerta que conduce al Reino de los cielos.

Esta puerta se abre de manera personal y sólo Dios sabe el día y la hora en que esto ocurrirá en cada persona. Cuando llega ese momento, unos la traspasarán, otros no. Hay que tener en cuenta que cuando Dios llama a entrar por las puertas de la Salvación el lapso de tiempo puede ser corto y si las puertas se cierran rápidamente se puede perder una oportunidad divina que de repente jamás se volverá a presentar. Cada uno es responsable delante de Dios por sus propios actos.

> Muchos creen que tienen toda la vida para decidirse a buscar a Dios, pero eso no es cierto.

¿Cuáles son las causas que hacen que las personas no entren por las puertas de la salvación?

1. Los Argumentos Mentales:

Estos son conocidos en el mundo espiritual como fortalezas de pensamientos; torres con una sola puerta y un hombre fuerte que la vigila. De acuerdo con lo que dice la Palabra, estas fortalezas mentales tienen que ser derribadas en el nombre de Jesús, atando al hombre fuerte y sacando al prisionero que esta adentro.

2. Espíritus de Orgullo:

Los "hombres fuertes" que también toman control de las mentes de las personas pueden ser: la altivez, el rechazo, o el orgullo y se especializan en enviar dardos de pensamientos como: *"mejor no acepto a Jesucristo como mi Salvador por que después ¿Qué dirán de mi?"*

3. Espíritus de temor:

También están los guardianes mentales que invaden a sus víctimas con pensamientos de pánico y terror para que no acepten el llamado de salvación.

4. Heridas del Alma:

Otras fortalezas en las mentes son las que han sido

construidas por malos recuerdos causados por las heridas del alma, levantándose como muros de impedimento a la verdadera liberación.

5. Espíritus de duda:

También están las fortalezas de la duda, la incredulidad y la confusión mental. Estas fortalezas de pensamientos, argumentos y experiencias vividas en el pasado hacen que los creyentes vivan agobiados caminando en círculos, sin poder ser nunca libres de sus ideas de fracaso.

> **Este es el tiempo de derribar todo pensamiento contrario a la voluntad de Dios.**

LA PUERTA DE SALVACIÓN A LAS NACIONES

Esta fue la puerta que Dios le abrió a Jerusalén para que se arrepintiera y no fuera destruida por su pecado, aunque sus habitantes no entendieron el tiempo de su visitación y no la aprovecharon.

Estamos hablando de tiempos específicos de Dios para traer avivamiento a una nación. Jesús mismo les dio aviso a través de una parábola cuando les dijo que aún al heredero matarían cuando se les fuera envidado (Mateo 21:37-39). Jesucristo muchas veces quiso juntar a Jerusalén como la gallina junta a sus polluelos debajo de sus plumas pero ellos no quisieron (Mateo 23:37).

> La puerta de salvación por gracia que Dios le está dando en este tiempo a la humanidad un día se cerrará.

Esta puerta es comparada con **la del Arca de Noé,** que es la puerta de Salvación de Jesucristo y sigue estando abierta mientras dure el período de la gracia para la humanidad. El que quiera tener acceso a ella alcanzará misericordia, pero cuando este lapso de tiempo se acabe, la puerta se cerrará. Habrá entonces un tiempo corto de oportunidad para los perdidos pero éstos tendrán que pagar la salvación con sus vidas. Dios mismo cerrará la puerta de la gracia como cerró un día la puerta del Arca de Noé (Génesis 7:16).

Eso denota que solo Él es el que tiene el poder de abrir y cerrar la puerta de la Salvación.

> El Arca de Noé sólo tenía una puerta y por ella entraron los que iban a ser salvos de la destrucción que se aproximaba.

La puerta del arca de Noé representa también la puerta que el padre de familia cierra; así dice el texto bíblico: *"Después que el padre de familia se haya levantado y cerrado la puerta, y estando fuera empecéis a llamar a la puerta, diciendo: Señor, Señor, ábrenos, él respondiendo os dirá: No sé de dónde sois."* Lucas 13:25

JESUCRISTO SIGUE SIENDO LA CIUDAD DE REFUGIO

Hoy la humanidad vive bajo un estado de pánico por la inseguridad del futuro. En esta hora, muchos creen que no es necesaria la salvación del alma y no quieren asegurar su vida eterna, colocando entonces su confianza en refugios o búnkeres de cemento hechos por mano del hombre, para salvarse de lo que ellos mismos ni saben que vendrá. Sin embargo, perecerán en su engaño y confusión.

> **Dios proveyó para la humanidad el refugio verdadero, pensando en estos días.**

Toda persona que vivía en Israel que hubiera cometido un homicidio no premeditado, tenia el derecho de resguardarse contra su vengador en una de las ciudades de refugio.

En Números 35:11 dice: *"ciudades de refugio tendréis, donde huya el homicida que hiriere a alguno de muerte sin intención"*.

> **Cristo es la ciudad de refugio para todo aquel que huye del vengador.**

"El eterno Dios es tu refugio, y acá abajo los brazos eternos; El echó de delante de ti al enemigo, Y dijo: Destruye". Deuteronomio 33.27

¿Cuántos no se han enojado contra su hermano? Eso es homicidio. Jesucristo es el refugio para todo aquel que ha herido de muerte a su hermano sin premeditación alguna.

"No hay santo como Jehová; Porque no hay ninguno fuera de ti, y no hay refugio como el Dios nuestro". 1 Samuel 2:2.

Cristo es el verdadero refugio tanto para la humanidad sin esperanza como para el amigo herido. Mientras el mundo camina bajo inseguridad, hoy Dios te abre la puerta de la seguridad para tu vida física y espiritual.

JESÚS ES LA PUERTA DE LA JUSTICIA DIVINA

"Yo Soy la puerta de las ovejas," dijo Jesús. Él es la única puerta para pasar al redil de las ovejas. *"Yo soy la puerta; el que por mí entrare, será salvo; y entrará, y saldrá, y hallará pastos". Juan 10:9* Jesús también dijo: *"Yo soy el buen pastor, el buen pastor da la vida por las ovejas". Juan 10:11*

Cristo es el único que posee el acceso para entrar a la vida eterna. No existe otra opción, ni hay otra forma de poder llegar ahí, sino a través de Jesucristo. El Padre celestial puso sólo UNA PUERTA para alcanzar la genuina aceptación ante Él. Jesucristo es la puerta a la verdad y a la justicia eterna.

"... Abran las puertas de la justicia y entraré para dar

gracias al Señor. Esta es la puerta del Señor: sólo los justos entran por ella". Salmos 118:20

> Los que entren por la puerta de la justicia, que es Cristo, serán hallados justos delante del Padre.

LA PUERTA QUE GUARDABA EL LUGAR DEL ARCA

El lugar Santísimo del templo estaba separado del Lugar Santo por una cortina gruesa llamada "velo". Estaba hecha de lino blanco y azul con bordados en oro y hacia la función de puerta (ya que separaba el gran recinto en ambas partes). A ningún extraño o extranjero pagano se le era permitido entrar al tabernáculo. Detrás de la gran cortina llamada velo sólo había un mueble: el Arca del Pacto, que en su tapa tenia dos querubines hechos de oro representando así el trono de Dios como el asiento o el reposo de su misericordia.

Al morir Jesús en la cruz, en ese mismo momento, se rasgó visiblemente el velo del templo en Jerusalén. Este velo representaba su cuerpo rasgado en la cruz, que estaba abriendo el camino al Padre.

> Al morir Jesús, rompió el velo que impedía ver a Dios y que el hombre entrara abiertamente a su Presencia.

Jesús, "la puerta de las ovejas", se convirtió en la puerta abierta para que todos los que crean puedan entrar confiadamente al trono de la gracia. Si Jesús no hubiera muerto en la cruz a favor de los deudores, nunca ningún hombre hubiera tenido la oportunidad de tener acceso y llegar al trono de Dios.

LAS PUERTAS EXTERIORES DEL TEMPLO

"Ponte a la puerta de la casa de Jehová, y proclama allí esta palabra, y di: Oíd palabra de Jehová, todo Judá, los que entráis por estas puertas para adorar a Jehová". Jeremías 7:2

> Jesús es también la puerta de entrada del templo.

El Templo de Dios tenia puertas tanto físicas como espirituales. Físicas porque los que tenían acceso al Templo en Jerusalén lo hacían entrando por ellas con acciones de gracias, tal como lo aconsejaba la Palabra:

"Entrad por sus puertas con acción de gracias, Por sus atrios con alabanza; Alabadle, bendecid su nombre". Salmo 100:4

Cuando Jesucristo afirmó: *"Yo soy el camino la verdad y la vida..."*, se estaba refiriendo a las tres puertas que tenía el Tabernáculo. La puerta de entrada que conducía al atrio o patio era la Puerta de Salvación. *"Yo soy la puerta; el que por mí entrare, será salvo; y entrará, y saldrá, y hallará pastos". Juan 10:9*

Lamentablemente, muchos prefieren no entrar por esta puerta de Salvación quedándose afuera. Sea cual sea la causa, muchos miran al Reino de Dios de lejos sin entrar. En Hechos 3:2 vemos un ejemplo:

"Y era traído un hombre cojo de nacimiento, a quien ponían cada día a la puerta de la Hermosa, para que pidiese limosna de los que entraban en el templo".

Este texto nos muestra una importante realidad espiritual. Muchos se quedan en la puerta enfermos, necesitados y sin alcanzar las bendiciones o las respuestas para sus problemas por su falta de decisión. Pocos son los que deciden vivir una vida comprometida con Cristo y su Palabra. Los que se quedan fuera del templo y de su puerta muchas veces están escasos de visión y viven con muchas necesidades. ¡Si ellos tan sólo entendieran que reaccionar a tiempo los llevaría a entrar al lugar donde se encuentra Dios! Ese encuentro maravilloso con la vida los llevarían a recibir las respuestas a sus necesidades. Por eso, la Palabra de Dios dice: *"Esforzaos a **entrar** por la puerta angosta; porque os digo que muchos procurarán **entrar**, y no podrán". Lucas 13:24* Así como existe la puerta angosta la cual muy pocos son los que la hallan, también esta **la puerta ancha que lleva a la perdición.**

"Entrad por la puerta estrecha; porque ancha es la puerta, y espacioso el camino que lleva a la perdición, y muchos son

los que entran por ella; porque estrecha es la puerta, y angosto el camino que lleva a la vida, y pocos son los que la hallan". Mateo 7:13-14

La salvación eterna tiene una puerta estrecha y un camino angosto. Tanto la puerta como el camino son estrechos; eso significa que sólo una persona puede pasar por la puerta y caminar en el camino a la vez. La salvación es individual porque nadie puede salvar a otro. Este camino es apretado y riguroso y cada uno transita por su propia vía porque ese sendero es personal. Hay que esforzarse para continuar el viaje que lleva a la salvación.

> Este camino tiene la medida de ancho de un paso y sólo una persona puede caminar por él. Al final del sendero hay una gran luz.

Cuando transites por el camino angosto no mires a los costados; sólo avanza mirando hacia la meta que es Cristo, porque ese caminar personal es la salvación individual mientras que *"El camino del perezoso es como seto de espinos; Mas la vereda de los rectos, como una calzada"* (Proverbios 15:19).

> La puerta de acceso al Reino es para los que realmente se esfuerzan y pagan el precio para caminar en la verdadera vereda que lleva a la vida eterna.

LAS DIFERENTES PUERTAS ESPIRITUALES

- **La Puerta de los enemigos generacionales:**

...de cierto te bendeciré, y multiplicaré tu descendencia como las estrellas del cielo y como la arena que está a la orilla del mar; y tu descendencia poseerá las puertas de sus enemigos. Génesis 22:17

- **La Puerta del cielo:**

Y lleno de temor, añadió: "¡Qué temible es este lugar! Es nada menos que la casa de Dios y la puerta del cielo. Génesis 28:17

- **Las Puertas eternas:**

¡Puertas, levanten sus dinteles, levántense, puertas eternas, para que entre el Rey de la gloria! Salmos 24:7,9

- **Las Puertas de bronce:**

Yo iré delante de ti, y enderezaré los lugares torcidos; quebrantaré puertas de bronce, y cerrojos de hierro haré pedazos; Isaías 45:2

- **La Puerta al acceso de las bodas del cordero:**

... mientras ellas iban a comprar, vino el esposo; y las que estaban preparadas entraron con él a las bodas; y se cerró la puerta. Mateo 25.10

- **La Puerta de la fe a los gentiles:**

Y habiendo llegado, y reunido a la iglesia, refirieron cuán grandes cosas había hecho Dios con ellos, y cómo había abierto la puerta de la fe a los gentiles Hechos 14.27

- **La Puerta de las quejas :**

Hermanos, no os quejéis unos contra otros, para que no

seáis condenados; he aquí, el juez está delante de la puerta. Santiago 5:9

- **La Puerta abierta:**

Yo conozco tus obras; he aquí, he puesto delante de ti una puerta abierta, la cual nadie puede cerrar; porque aunque tienes poca fuerza, has guardado mi palabra, y no has negado mi nombre. Apocalipsis 3:8

- **La Puerta del corazón:**

He aquí, yo estoy a la puerta y llamo; si alguno oye mi voz y abre la puerta, entraré a él, y cenaré con él, y él conmigo. Apocalipsis 3: 20

10
Los Porteros del Tiempo Final

Dios está llamando a su Iglesia a "Vigilar", orar, interceder y a guerrear. La pasividad no es de Dios. Si clamamos unidos y nos ponemos de acuerdo, el Señor responderá. Hoy, más que nunca, se deben levantar grupos de oración para que clamen y levanten peticiones específicas. El líder tiene que ser claro por los temas que se deben orar y juntos deben actuar en unidad de mente y espíritu. Los intercesores de puertas son los que oran antes que el culto comience; cubren las puertas por donde la gente va a pasar (es decir, de la calle al templo de Dios). El Espíritu de Dios es celoso de sus cosas santas. Los porteros del tiempo final, están llamados a santificar las puertas y clamar por el pueblo que aún no tienen conocimiento de la Santidad de Dios. ¡Portero intercesor, Dios te llama a ser su vigilante profético en esta hora en que vivimos!

ORACIONES PARA LOS PORTEROS

1 Cantad alegres a Dios, habitantes de toda la tierra.
2 Servid a Jehová con alegría; Venid ante su presencia con regocijo.
3 Reconoced que Jehová es Dios; El nos hizo, y no nosotros a nosotros mismos; Pueblo suyo somos, y ovejas de su prado.
4 Entrad por sus puertas con acción de gracias,

Por sus atrios con alabanza; Alabadle, bendecid su nombre. 5 Porque Jehová es bueno; para siempre es su misericordia, Y su verdad por todas las generaciones. Salmo 100.

> Señor, al llegar a tu casa nos cubrimos con la sangre de Jesús y nos purificamos con el agua de vida que es tu Palabra. Úngenos para clamar y reclamar tus promesas porque Tú eres Santo y hoy queremos santificar la reunión que haremos en Tu Nombre.

...purificaos los que lleváis los utensilios de Jehová. Isaías 52:11

> Señor, nos purificamos delante de Tu Presencia para orar e interceder por Tu pueblo que hoy se va a congregar aquí; Que Tu Sangre nos purifique y nos haga aptos para estar delante de Ti.

Ponte a la puerta de la casa de Jehová, y proclama allí esta palabra, y di: Oíd palabra de Jehová, todo Judá, los que entráis por estas puertas para adorar a Jehová. Así ha dicho Jehová de los ejércitos, Dios de Israel: Mejorad vuestros caminos y vuestras obras, y os haré morar en este lugar. Jeremías 7:2-3.

> Declaramos como porteros de Dios que Tú nos oyes siempre, y este pueblo será fiel y Sus caminos se mejorarán cada día delante de ti.

Señor... *Que tus ojos estén abiertos sobre esta casa de día y de noche, sobre el lugar del cual dijiste: Mi nombre estará allí; que oigas la oración con que tu siervo ora en este lugar.* 2 Crónicas 6:20.

> Gracias que Tu escuchas nuestras oraciones y estás atento a nuestro clamor delante de Ti.

...vendrán muchos pueblos, y dirán: Venid, y subamos al monte de Jehová, a la casa del Dios de Jacob; y nos enseñará sus caminos, y caminaremos por sus sendas. Porque de Sión saldrá la ley, y de Jerusalén la palabra de Jehová. Isaías 2:3.

> Señor, trae los del norte, los del sur, los del este, y del oeste para adorar. Estas puertas se convierten en las puertas de la salvación para esta ciudad. ¡En tu Nombre!

...porque Jehová tu Dios anda en medio de tu campamento, para librarte y para entregar a tus enemigos delante de ti; por tanto, tu campamento ha de ser santo, para que él no vea en ti cosa inmunda, y se vuelva de en pos de ti. Deuteronomio 23:14.

Más Jehová está conmigo como poderoso gigante; por tanto, los que me persiguen tropezarán, y no prevalecerán; serán avergonzados en gran manera, porque no prosperarán; tendrán perpetua confusión que jamás será olvidada. Jeremías 20:11.

> Señor, santificamos tu casa, porque Tú habitas en medio de Tu pueblo y cosa inmunda no entrará para traer contaminación. Cubrimos estas puertas con tu sangre en tu Nombre. ¡ALELUYA!

y andaré entre vosotros, y yo seré vuestro Dios, y vosotros seréis mi pueblo. Levítico 26:12

> Señor, gracias porque sabemos que Tú te pasearás en medio de tu congregación y Tu poder será manifiesto en medio nuestro. Santificamos nuestros labios y vestiduras delante de ti. ¡Nosotros somos tu templo!

Yo los llevaré a mi santo monte, y los recrearé en mi casa de oración; sus holocaustos y sus sacrificios serán aceptos sobre mi altar; porque mi casa será llamada casa de oración para todos los pueblos. Isaías 56:7.

Ahora conozco que Jehová salva a su ungido; Lo oirá desde sus santos cielos Con la potencia salvadora de su diestra. Salmo 20:6

"Alzamos voz profética y proclamamos contra el hombre fuerte de destrucción y venganza que quiera venir hacia nuestra ciudad; ahora es paralizado y confundido en el Nombre de Jesús de Nazaret. Reprendemos y anulamos toda intención del enemigo que quiera levantarse contra los habitantes de esta ciudad, y declaramos que todo ataque de las tinieblas es derribado en el Nombre de Jesús. Ahora mismo, todo hombre fuerte es despojado y lo hacemos dormir en un sueño profundo; ningún gobernador de las tinieblas podrá hacer uso de sus manos y de sus pies, conforme está escrito en la palabra de Dios."

Salmos 5:6-12 *Destruirás a los que hablan mentira; al hombre sanguinario, y engañador abominará Jehová. Mas yo, por la abundancia de tu misericordia, entraré en tu casa; adoraré hacia tu santo templo en tu temor. Guíame, Jehová, en tu justicia, a causa de mis enemigos; endereza delante de mí tu camino. Porque en la boca de ellos no hay sinceridad; sus entrañas son maldad, sepulcro abierto es su garganta, con su lengua hablan lisonjas. Castígalos, oh Dios; caigan por sus mismos consejos; por la multitud de sus transgresiones échalos fuera, porque se rebelaron contra ti. Pero alégrense todos los que en ti confían; den voces de júbilo para siempre, porque tú los defiendes; en ti se regocijen los que aman tu nombre. Porque tú, oh Jehová, bendecirás al justo; como con un escudo lo rodearás de tu favor. Amen.*

BIBLIOGRAFÍA

Biblia de Estudio Arco Iris. Versión Reina-Valera, Revisión 1960, Texto bíblico copyright© 1960, Sociedades Bíblicas en América Latina, Nashville, Tennessee, ISBN: 1-55819-555-6.

Biblia Plenitud. Versión Reina-Valera, Revisión 1960, ISBN: 089922279X, Editorial Caribe, Miami, Florida.

Vine, W.E. Diccionario Expositivo de las Palabras del Antiguo Testamento y Nuevo Testamento. Editorial Caribe, Inc./División Thomas Nelson, Inc., Nashville, TN. ISBN: 0-89922-495-4, 1999.

La Biblia de Referencia Thompson, Versión Reina-Valera 1960 copyright © 1987 The B.B. Kirkbride Bible Company, Inc. Y Editorial Vida, Miami, FL. ISBN: 0829714448 (original The Thompson Chain Reference © 1983 The B.B.

Portavoz, filial de Kregel Publications, Grand Rapids, MI. ISBN: 08254-1532-2 (original The MacArthur Study Bible, © 1997 Word Publishing, Thomas Nelson, Inc. Nashville Tennessee.)

Nueva Concordancia Strong EXHAUSTIVA DE LA BIBLIA. James Strong, LL.D., S.T.D. Editorial Caribe. ISBN: 0-89922-382-6

Made in the USA
Charleston, SC
04 February 2015